ITINERARI

Filologia
e critica letteraria

PROFILI DI STORIA LETTERARIA
a cura di ANDREA BATTISTINI

- **Dante**
  di GIUSEPPE LEDDA
- **Boccaccio**
  di LUIGI SURDICH
- **Leopardi**
  di MARCO ANTONIO BAZZOCCHI
- **Montale**
  di ALBERTO CASADEI
- **Petrarca**
  di ENRICO FENZI
- **Machiavelli**
  di RICCARDO BRUSCAGLI

di prossima pubblicazione

- **Ariosto**
  di STEFANO JOSSA
- **Tasso**
  di MATTEO RESIDORI
- **Foscolo**
  di MATTEO PALUMBO
- **Manzoni**
  di FRANCESCO DE CRISTOFARO
- **Svevo**
  di BEATRICE STASI
- **Calvino**
  di MARIO BARENGHI

ENRICO FENZI

Petrarca

il Mulino

I lettori che desiderano informarsi sui libri e sull'insieme delle attività della Società editrice il Mulino possono consultare il sito Internet:

www.mulino.it

ISBN 978-88-15-12576-7 Copyright © 2008 by Società editrice il Mulino, Bologna. Tutti i diritti sono riservati. Nessuna parte di questa pubblicazione può essere fotocopiata, riprodotta, archiviata, memorizzata o trasmessa in qualsiasi forma o mezzo – elettronico, meccanico, reprografico, digitale – se non nei termini previsti dalla legge che tutela il Diritto d'Autore. Per altre informazioni si veda il sito www.mulino.it/edizioni/fotocopie

Finito di stampare nel settembre 2008 dalla litosei, via rossini 10, rastignano, bologna - www.litosei.com

Indice

I. La biografia intellettuale — 9
1. La vita come costruzione di un modello ideale — 9
2. I tempi del percorso — 12
3. Il culto di Roma — 12
4. L'incoronazione — 15
5. Luci e ombre — 16
6. Gli anni inquieti — 18
7. *De vita solitaria*, *Bucolicum carmen* e *De otio religioso* — 20
8. Cola di Rienzo — 23
9. La peste nera, la crisi del 1348 e l'ultimo soggiorno in Provenza — 25
10. L'*Africa* — 27
11. Il *Secretum* — 29
12. Le scelte e le opere della tarda maturità — 32

II. Le idee portanti — 37
1. Etica e politica — 37
2. Tutto nasce dalla lotta — 42
3. La *translatio studii* e l'Umanesimo — 45
4. *Translatio studii* e crisi politica — 52
5. Un nuovo sentimento del tempo: soggettività ed esperienza — 54
6. Filosofia e vita — 56

7. Contro l'eternità del mondo — 57
8. Sapere e felicità — 59
9. La dimensione filosofica e morale dell'ignoranza — 60
10. Aristotele e Platone — 62
11. Soggettività ed esemplarità — 64

III. Il *Canzoniere*: genesi e struttura — 67

1. La lingua — 67
2. La struttura — 69
3. Una storia di autografi — 70
4. Tempi e forme della composizione — 72
5. Dalla prima all'ultima forma — 73
6. Rime in vita e rime in morte: la bipartizione — 75
7. Il racconto — 76
8. *I' vo pensando* — 79
9. L'altro lavoro e la canzone 360 — 81

IV. Il *Canzoniere*: temi e contenuti — 87

1. Le canzoni politiche — 87
2. L'amore — 90
3. Amore e desiderio — 94
4. Una falsa eternità — 100
5. *Chiare, fresche et dolci acque* — 102
6. *Recolligere fragmenta* — 105
7. *Che fai, alma? che pensi?* — 107
8. Antitetiche verità — 112
9. Le quattro passioni — 114
10. Le rime in morte. La canzone 270 — 117
11. Quale Laura? — 119
12. L'amoroso colloquio — 122
13. L'amore ricambiato — 128
14. La canzone alla Vergine — 129

V. I *Trionfi* — 133
1. Il testo — 134
2. La struttura — 135
3. L'imitazione dantesca — 137
4. I *Trionfi* e il *Canzoniere* — 139
5. I miti della resurrezione — 142

Cronologia — 149

Per saperne di più — 155

Indice dei nomi — 165

CAPITOLO 1

La biografia intellettuale

1. LA VITA COME COSTRUZIONE DI UN MODELLO IDEALE

Nell'avvicinarci a Petrarca, occorre subito dire che noi conosciamo la sua vita meglio di quella di qualsiasi altra persona vissuta prima di lui: basti pensare a Dante, per esempio, del quale, al confronto, si può dire che sappiamo assai poco. Di Petrarca, invece, ci sembra di sapere tutto (il che, vedremo, non è poi così vero). Non solo abbiamo le copie autografe di molte delle sue opere, ma abbiamo pure, e il caso ha a volte dello stupefacente, anche le brutte copie. Conserviamo i libri che ha letto e leggiamo sui loro margini le note che vi ha posto. Conosciamo i suoi amici e tutto il ramificato intreccio dei suoi rapporti; le case che ha abitato e i viaggi che ha fatto. Sappiamo della sua salute, e di quello che mangiava e come vestiva, e sappiamo come passava i momenti della giornata, e quale fosse la sua passione per il giardinaggio e la pesca ecc. Ma come sappiamo tutto questo? Per una ragione semplice solo in apparenza: Petrarca medesimo ce l'ha detto, attraverso le sue opere.

Ecco dunque che dobbiamo prendere atto di un fatto assolutamente singolare. Petrarca ha messo un impegno minuzioso e costante nel fornire tutti gli elementi attraverso i quali i posteri potessero ricostruire la sua vita e la sua personalità secondo l'immagine ch'egli ha voluto dare di sé. Ed ha vinto. Accade infatti che qualsiasi vita di Petrarca è obbligata a basarsi non sulle testimonianze esterne e propriamente storiche che il suo tempo ci ha lasciato, ma sulle sue. Le parole di Petrarca hanno messo le altre fuori gioco, e per quanto lo studioso moderno le rilegga in maniera critica e s'ingegni di andare oltre lo strato delle intenzioni autoapologetiche e dei veri e propri miti personali ai quali il poeta ha dato corpo, non potrà tuttavia evitare di muoversi entro l'orizzonte tracciato una volta per tutte dall'interessato. Le opere di Petrarca hanno la caratteristica di parlarci di lui non solo nel senso ovvio che ce ne mostrano in atto la sensibilità, la cultura, gli affetti, i giudizi, le scelte di vita, ma in quello più specifico e del tutto peculiare per cui il ritratto dell'autore che in maniera più o meno esplicita ne emerge è qualcosa che fa parte integrante e affatto voluta del loro disegno ideale.

Se tutte le opere rilasciano elementi destinati sin dall'origine a comporre i tratti di un'ideale autobiografia, alcune sono dedicate allo scopo in maniera specifica. Si tratta soprattutto delle lettere, ordinate in due grandi raccolte, le *Familiares*, in ventiquattro libri, e le *Seniles* in diciassette (ma ci sono ancora le *Sine nomine* e le *Varie*, che portano il totale delle lettere a 574). Tali raccolte vanno considerate come opere a loro modo organiche, perché Petrarca non si è limitato a mettere insieme le lettere effettivamente mandate ai suoi numerosi corrispondenti, ma nel momento nel quale le inseriva nella raccolta le ha rielaborate anche profondamente e (ciò vale specialmente per i primi libri delle *Familiares*) tra esse ha inserito varie lettere fittizie, cioè composte proprio per corroborare l'implicito disegno che soggiace e determina l'apparente frammentarietà delle occasioni e degli argomenti trattati nelle lettere reali. Molte lettere, poi, intendono essere esplicitamente autobiografiche, specialmente nella raccolta più tarda, le *Seniles*; di più, è significativo che egli, a partire dagli anni '50, abbia a varie riprese lavorato a una lettera, la *Posteritati*, che, rimasta incompiuta, avrebbe dovuto costituire da sola il libro diciottesimo e ultimo delle *Seniles*. Qui egli si rivolge appunto a quanti vivranno dopo di lui per dare conto di sé sotto l'aspetto fisico, morale e intellettuale: rivendica d'essere stato amato e onorato dai più grandi sovrani del tempo, ma ribadisce pure la sua completa indipendenza e libertà e indica nella solitudine e nello studio gli elementi centrali attorno ai quali s'è organizzata la sua intera esperienza di vita.

Su un piano diverso, anche altre opere sono d'impianto autobiografico: tra tutte lo è il *Secretum*, una sorta di lungo esame di coscienza costruito attraverso il dialogo tra la figura dell'autore, Francesco, e il prediletto sant'Agostino; lo sono le opere polemiche, tra le quali spicca il *De ignorantia*, ove Petrarca trova modo di riassumere nella maniera più organica i fondamenti dei suoi atteggiamenti intellettuali e in senso lato filosofici; lo sono le poesie latine raccolte nei tre libri delle *Epystole*, e dense di motivi autobiografici sono le dodici egloghe del *Bucolicum carmen*. Né si può ovviamente tacere di quel diario intimo ch'è la sua opera maggiore, il *Canzoniere*, né dell'altra sua opera, i *Trionfi*. Queste due opere, le uniche che Petrarca abbia scritto in volgare italiano, saranno considerate più avanti. Qui basti ribadire, in apertura, che le linee guida per conoscerne e giudicarne la vita sono quelle che egli stesso ha saputo predisporre con grande sapienza strategica. Ma tali linee guida quali sono? O, detto in altri termini, quale immagine egli ha voluto costruire di sé?

La risposta è complessa, e può essere affidata solo ai risultati di un discorso lungo e articolato. Un punto fondamentale, tuttavia, può essere messo in chiaro sin da principio, e riguarda il nesso che stringe la fama e il prestigio di cui egli ha goduto, da una parte, e la sua attività dall'altra. In tutte le sue proiezioni autobiografiche, infatti, Petrarca mostra di avere uno scopo ben preciso: dimostrare che il suo successo non è stato mai e poi mai merce di scambio, e cioè il risultato di eventuali servizi resi ai potenti con i quali è stato in rapporto, ma piuttosto il disinteressato riconoscimento che gli uomini più eminenti del tempo hanno dovuto rendere alle qualità e alle realizzazioni del suo intelletto. In maniera che può apparire persino spudorata, Petrarca ha scritto, per esempio nella *Posteritati*, che i sovrani, in particolare Roberto d'Angiò e l'imperatore Carlo IV di Boemia, lo hanno amato e onorato solo in virtù dell'ammirazione che essi avevano per lui: erano essi a ricercarlo e a voler godere della sua amicizia, insomma, non egli della loro.

Si è detto varie volte che Petrarca è stato il primo intellettuale moderno, nel senso che è stato il primo a concepirsi come tale, e ad esaltare l'autonomia e il valore di un ruolo siffatto. Ebbene, non c'è dubbio che, nel momento in cui attribuisce il proprio successo all'ammirazione per la sua figura d'intellettuale, egli ne fonda precisamente il mito e lo rilancia ai posteri proponendosi come colui che quel mito ha effettivamente realizzato. In questo senso, è vero: dell'intellettuale moderno egli è stato l'inarrivabile archetipo, e lo è stato perché gli ha dato forma consapevole e ha personalmente sperimentato, si direbbe una volta per tutte, l'intero spettro delle sue possibilità di affermazione.

Ne risulta, per dirla un poco alla grossa, che Petrarca è un'invenzione di Petrarca. Ma dobbiamo anche aggiungere che egli offre un ritratto di sé per nulla rigido e monumentale, ma piuttosto caratterizzato sin dagli inizi da forti tensioni interne. Egli vuole, in altri termini e con molte semplificazioni, rappresentarsi come colui che vive in prima persona il proprio sapere perché lo traduce nei suoi comportamenti, nelle sue scelte, nei suoi rapporti personali, e ne fa il cardine della propria dimensione morale ed esistenziale soffrendone le contraddizioni e le aporie ma anche gli slanci, gli entusiasmi, le conquiste. Con l'avvertenza altrettanto essenziale che non è tanto il sapere delle scienze che lo interessa (per tutta la vita egli ha combattuto con le armi micidiali dell'ironia e del disprezzo tanta parte delle pseudoscientifiche nozioni del suo tempo, specialmente nel campo medico e in quello delle scienze della natura), quanto invece il sapere direttamente e immediatamente convertibile nei valori umani dell'esistenza. Di qui, i due cardini attorno ai quali egli ha fatto ruotare il suo impegno di intellettuale: la storia e la morale. Nel caso, dunque, in maniera inestricabile, il mondo antico e il cristianesimo.

2. I TEMPI DEL PERCORSO

Quando consideriamo l'intero arco della vita di Petrarca risulta abbastanza facile distinguere tre grandi periodi. In estrema sintesi: nato il 20 luglio 1304 ad Arezzo, nel 1312 segue il padre notaio nell'esilio francese, presso la curia papale di Avignone, ed essenzialmente provenzale è questo primo periodo che copre gli anni della formazione e scorre a stretto contatto con gli ambienti della curia e in particolare con il cardinale Giovanni Colonna, che prende il giovane Petrarca al suo servizio: se ne può indicare almeno simbolicamente il termine con l'8 aprile 1341, cioè il giorno in cui fu incoronato poeta a Roma, in Campidoglio.

Il secondo periodo, assai irrequieto e caratterizzato da frequenti spostamenti (Petrarca torna in Provenza nel 1342 e nel 1346 e, per l'ultima volta, dal 1351 al 1353, ma soggiorna a lungo nell'Italia del nord, in particolare a Parma e a Padova), copre più o meno il decennio successivo ed è segnato in profondità dal tentativo di restaurazione repubblicana in Roma da parte di Cola di Rienzo, nel 1347, e dalla grande peste del 1348.

Il terzo periodo, tutto italiano (dell'Italia del nord), si può far cominciare dalla primavera del 1353, quando Petrarca abbandona definitivamente la Provenza e si stabilisce a Milano sotto la protezione dei Visconti. Senza che cessino i legami con i Visconti, soggiorna poi a Venezia e a Padova, e presso Padova, ad Arquà, muore, in una casa donatagli dal signore della città, Francesco da Carrara, nella notte tra 18 e 19 luglio 1374.

3. IL CULTO DI ROMA

La giovinezza di Petrarca non è facilmente ricostruibile perché appare schiacciata sull'immagine già adulta di lui più che trentenne, e le tracce che ne abbiamo, come s'è accennato, sono quelle che egli stesso ha accuratamente fatto arrivare sino a noi. Specificando meglio lo schema sopra sommariamente tracciato, dobbiamo dunque aggiungere che il primo dei tre periodi nei quali abbiamo diviso la sua vita è quello che conosciamo meno, perché ci è giunto dopo essere stato passato al filtro delle riletture, delle censure e degli aggiustamenti dell'autore il quale, a cavallo tra gli anni '40 e '50, ha speso parte della sua intelligenza e della sua applicazione per ricondurre i lunghi e certamente intensissimi anni della propria formazione a una sorta di spazio vuoto da riempire a varie riprese con gli schemi di un'autobiografia che volle porsi sotto ogni aspetto come esemplare.

Un esempio illuminante al proposito ci è fornito dalla famosa lettera *Fam.* IV 1, nella quale Petrarca racconta dell'ascensione al monte Ventoux. La lettera è datata all'aprile 1336, ma sicuramente ragione uno studioso come Billanovich a ritenerla scritta nel 1353 circa: il caso si ripete per altre lettere e si può ancora ricordare che, analogamente, anche il *Secretum* si finge scritto nel 1343, quando invece, come ha dimostrato un altro studioso di Petrarca, Francisco Rico, la sua prima stesura risale al 1347 e l'ultima, quella che ci resta, risale al 1352-1353. Si tenga conto, insomma, che il dubbio è di rigore quando si ripercorre tutta la prima fase della vita di Petrarca, perché è largamente comprovato, anche senza entrare in questa sede in lunghe e complicate questioni filologiche, che non c'è opera sua che non sia stata corretta, rivista, incrementata per anni, anche a lunga distanza di tempo, sì da porre problemi di datazione talvolta insormontabili.

Nel 1312, dopo l'arrivo ad Avignone, il padre trasferisce la famiglia a Carpentras, a una ventina di chilometri dalla città, e qui Francesco comincia gli studi di grammatica sotto la guida di Convenevole da Prato. Nel 1318 o 1319 muore la madre, Eletta Canigiani, e per lei scrive una delle sue prime poesie latine (*Epyst.* I 7). Intanto ha cominciato gli studi giuridici a Montpellier e li prosegue poi a Bologna, insieme al fratello Gherardo, intervallandoli con regolari ritorni in Provenza. Nel 1326, in seguito alla morte del padre, li interrompe definitivamente e nel 1330, su raccomandazione di Giacomo Colonna, conosciuto a Bologna, entra al servizio del fratello, il cardinale Giovanni, e lo segue nella sede di Lombez, nei Pirenei. Qui, stringe un'amicizia che durerà tutta la vita con il romano Lello di Pietro Stefano de' Tosetti e il fiammingo Ludovico Santo di Beringen, cantore nella cappella del cardinale: nelle sue opere li chiamerà rispettivamente Lelio e Socrate, e a quest'ultimo dedicherà nei primi anni '50 la raccolta delle *Familiares*.

Nel 1333, con il permesso del nuovo protettore, compie un lungo viaggio nel nord dell'Europa, passando per Parigi, Gand, Liegi, Aquisgrana, Colonia e infine Lione, donde torna infine ad Avignone (*Fam.* I 4 e 5). A precoce testimonianza dei suoi interessi, a Liegi scopre l'orazione ciceroniana *Pro Archia*, che costituirà un testo basilare per tutte le sue successive difese della poesia, mentre in Avignone conosce il monaco agostiniano Dionigi da Borgo san Sepolcro che gli dona un piccolo esemplare delle *Confessiones* di sant'Agostino che Petrarca avrà carissimo e porterà sempre con sé, e donerà a sua volta nell'anno della morte all'altro agostiniano Luigi Marsili.

Nel 1336 indirizza a papa Benedetto XII (era stato eletto l'anno prima) due lettere in versi, *Epyst.* I 2 e 5, importanti perché affrontano un tema che Petrarca non si stancherà di agitare per tutta la vita e che in vecchiaia costituirà il fulcro dei suoi rapporti con papa Urbano V: il ritorno della sede papale a Roma. Nell'inverno 1336-1337 è per la prima volta a Roma ove conosce il capo della casata dei Colonna, Stefano il Vecchio, e di là dal presente degrado della città legge nelle sue rovine, con grande emozione, il racconto della grandezza antica.

Tornato ad Avignone, sceglie di fuggire dalla città e di trasferirsi con i suoi libri a Valchiusa, a quindici miglia di distanza, presso le sorgenti del Sorga, conosciuta sin da bambino in occasione di una gita fatta insieme al padre: alla bellezza solitaria del luogo e alla vita raccolta e tranquilla che vi conduce e che favorisce l'ispirazione di molte opere dedicherà alcune delle sue più belle pagine. Qui in particolare, intorno al 1338, secondo la *Posteritati*, avrebbe cominciato il poema latino *Africa*, dedicato alle fasi finali della seconda guerra punica sino al trionfo di Scipione, e la raccolta di vite di antichi condottieri romani, il *De viris illustribus*, tra le quali è compresa la prima stesura della vita di Scipione l'Africano, che sarà in seguito ripresa e assai ampliata. E proprio le parti sin lì composte del poema avrebbero indotto, nel 1340, sia l'Università di Parigi, del quale era allora cancelliere l'amico fiorentino Roberto de' Bardi, sia la città di Roma ad offrirgli in contemporanea, nel settembre, l'incoronazione poetica. Petrarca sceglierà d'essere incoronato in Roma, ma prima della cerimonia che si svolse in Campidoglio, l'8 aprile 1341, egli si recò a Napoli ove ottenne d'essere esaminato e giudicato degno dell'onore dal re Roberto d'Angiò.

4. L'INCORONAZIONE

A questo punto, dopo un riassunto così veloce, è opportuna una sosta. Ripigliamo il discorso dalla fine, cioè dall'incoronazione. Questo dell'incoronazione di Petrarca in Campidoglio è un capitolo ben conosciuto e ampiamente studiato, ma molte circostanze restano sospette, a cominciare dal racconto del doppio invito giunto nel corso della stessa giornata, l'1 settembre 1340: prima quello del senato di Roma, poi, verso le quattro del pomeriggio, quello parigino, per il tramite di Roberto de' Bardi, secondo quanto Petrarca stesso scrive nella *Fam.* IV 4. Ma basta forse dire che sia l'invito parigino che quello romano fanno certamente parte di una ben architettata operazione (per non dire invenzione) tutta petrarchesca che sembra aver trovato la sua sponda migliore tanto nella Roma dei Colonna, quanto nella Napoli di Roberto d'Angiò. Come che sia, l'incoronazione non premia una carriera poetica largamente consolidata, ma ha piuttosto valore di investitura e quasi di pegno per il futuro, e Petrarca sopra quella base ha in seguito costruito il proprio monumento.

Su un altro piano, va anche sottolineato un elemento sin qui rimasto piuttosto in ombra, che definisce, di nuovo, una delle costanti della politica culturale di Petrarca, cioè la polemica antifrancese in nome della superiorità dell'Italia. In effetti, attraverso il meccanismo della scelta, Petrarca mette in scena lo scontro tra Parigi e Roma, anche se nell'immediato egli si dipinge come effettivamente dispiaciuto nel declinare l'invito parigino. Ma le cose sono quelle che sono: da una parte sta Parigi, la capitale politica e culturale del mondo moderno, e il concreto prestigio della sua Università. Dall'altra, una sorta di città inesistente, un puro nome: Roma e, in Roma, il Campidoglio, allora ridotto a luogo di mercato di capre e legumi. Ma un nome capace di evocare un mondo, una dimensione dello spirito... Petrarca non ha in realtà alcuna esitazione, e dobbiamo immaginarlo perfettamente consapevole della portata del suo gesto quando rifiuta Parigi e sceglie Roma: si tratta infatti, né più né meno, della clamorosa rottura nei confronti di uno dei più solidi miti culturali correnti, quello di Parigi capolinea della *translatio* del sapere dall'antichità ai tempi moderni, e insomma di una non troppo mascherata dichiarazione di guerra che se per il momento è tutta implicita, affidata più ai fatti che alle parole, non tarderà a diventare esplicita ed a svilupparsi negli anni in maniera limpida e coerente nella lunga polemica contro il preteso primato culturale della Francia che culminerà nell'invettiva *Contra eum qui maledixit Italie*, del tardo marzo 1373.

5. LUCI E OMBRE

Ora, se consideriamo questi due elementi – quello culturale e quello per dir così organizzativo – dobbiamo confessare di non riuscire a inserirli in un contesto adeguato. Da una parte, stentiamo a definire gli effettivi margini di manovra di Petrarca nel montare lo spettacolo della propria incoronazione, in ogni caso piuttosto grandi se sono arrivati a coinvolgere, attraverso la probabile mediazione di Dionigi da Borgo san Sepolcro, re Roberto. Dall'altra, assistiamo ammirati al gesto (Roma *vs* Parigi) che inaugura una politica culturale destinata a svilupparsi negli anni, ma che ci appare privo di quel corredo di determinazioni ideologiche e culturali che sicuramente ha avuto. Ma se a questo punto facciamo un passo indietro, scopriamo facilmente altri vuoti, e altri salti.

Non molto tempo prima dell'incoronazione (1339-1340) il letterato francese Pierre Bersuire, nel suo *Ovidio moralizzato*, ringrazia il 'venerabile' Petrarca per avergli fatto avere una lunga descrizione delle figure degli dèi pagani che è nel libro III dell'*Africa* e gli rende omaggio dichiarandolo autorità insostituibile nel campo dell'erudizione classica. Si tratta di un'eccellente testimonianza della fama che già a quella data l'accompagnava, ma anch'essa, per quanto si possano integrare le poche notizie date sopra, resta priva di un contesto adeguato. Insomma, in questi anni si salta di vetta in vetta, ma tutta l'ampia geografia sottostante resta in gran parte oscura, ed è semmai ricostruibile dagli specialisti per via d'ipotesi, mentre resta forte l'impressione che Petrarca entro questo primo periodo della sua vita abbia concesso diritto di sopravvivenza solo agli elementi che hanno avuto conferma e sviluppo in età successive.

Per la verità sappiamo anche di un binario morto. Nella *Dispersa* 5 e nella *Fam.* VII 16, Petrarca ricorda di aver scritto 'in tenera età' una commedia, *Philologia Philostrati*, della quale non c'è rimasto che il titolo e un verso, ma si tratta di un'eccezione. A ben vedere, infatti, il fenomeno sopra denunciato ricompare anche a proposito della sua poesia d'amore in volgare. Petrarca pone l'incontro fatale con Laura il 6 aprile 1327, nella chiesa di santa Chiara in Avignone, ma non ci resta nessuna lirica che possa risalire a quegli anni, e di una prima ridotta raccolta, certo non di un canzoniere, possiamo parlare solo a partire dagli anni a cavallo tra i '30 e i '40. L'aver tanto anticipato la data dell'innamoramento, insomma, sembra di nuovo far parte della strategia tesa a costruire i tempi lunghi della propria storia e a comprovare *a posteriori* la fedeltà ai suoi motivi più profondi.

Un punto in ogni caso è chiaro. Per ambiente, educazione e inclinazione personale Petrarca è precocemente indirizzato, in chiave già decisamente umanistica, verso il mondo della latinità. Quando, in una famosa lettera al Boccaccio (*Fam.* XXI 15) spiega la sua distanza rispetto a Dante proprio con quella scelta che avrebbe lasciato un ruolo marginale alla poesia volgare, certo egli mente se si guarda al *Canzoniere* e ai *Trionfi*, che a partire dagli anni '50 occupano il centro dei suoi interessi, ma altrettanto certamente dice il vero se si riporta questa discussa affermazione al primo periodo della sua vita.

Da subito, Roma, la sua civiltà e la sua lingua appaiono a Petrarca come l'unico possibile orizzonte entro il quale sia concepibile una ripresa in grande dell'attività intellettuale, sia nella sua declinazione storico-erudita che in quella propriamente letteraria e poetica. In ciò deve avere avuto una notevole influenza anche la figura del padre, personalmente dotato di buona cultura classica e capace di instillare nel figlio l'amore per Virgilio e Cicerone: alla sua iniziativa sembra tra l'altro confermato che si debba la confezione del celebre manoscritto delle opere di Virgilio – il Virgilio della Biblioteca Ambrosiana di Milano – del quale Petrarca più tardi fece miniare il frontespizio da Simone Martini, e che per tutta la vita riempì di postille marginali. Un altro polo d'influenza fu quello costituito dal circolo colonnese, e in particolare da Landolfo Colonna, canonico a Chartres e accurato annotatore di Livio (nel manoscritto Parigino 5690 ai margini del testo si mescolano le postille di Landolfo e quelle di Petrarca), dal quale Petrarca ricavò alcuni caratteri delle sue glosse più giovanili.

Tutto ciò precipita nella decisione di affrontare, attorno al 1338, la composizione delle prime due opere importanti: il poema *Africa*, dedicato alla seconda guerra punica, e il *De viris illustribus*, che seppur in maniera diversa occuperanno l'autore ancora per molti e molti anni senza però arrivare ad essere completate. Si tratta in qualche modo di due opere complementari, perché il *De viris*, che in questa prima fase comprende nell'ordine le vite di Romolo, Numa, Tullo Ostilio, Anco Marzio, Bruto, Orazio Coclite, Cincinnato, Camillo, Manlio Torquato, Valerio Corvo, Publio Decio, Papirio Cursore, Curio Dentato, Fabrizio, Alessandro, Pirro, Annibale, Fabio Massimo, Claudio Marcello, Claudio Nerone e Livio Salinatore, Scipione Africano, Catone il censore, appare in qualche maniera sussidiario al poema, nel senso che gli fornisce quell'indispensabile somma di conoscenze storiche che, per esplicita dichiarazione di Petrarca, deve costituire la base di verità sulla quale l'atto poetico si fonda.

Petrarca ha come scopo, in entrambe le opere, l'esaltazione della Roma repubblicana, non della Roma imperiale, e di nuovo c'è qualcosa che ci sfugge. Un così deciso taglio ideologico (la selezione delle vite è parlante al proposito) è senz'altro tipico della tradizione italiana ed ha il suo più illustre precedente in

Brunetto Latini, grande teorizzatore, nel nome di Cicerone, della linea di continuità ideale che avrebbe legato la Roma repubblicana alla forma di reggimento comunale delle città italiane. In questa applicazione attualizzante tuttavia Petrarca non lo segue, e non è ben chiaro che cosa stia a monte della sua iniziativa che manifesta in ogni caso forti caratteri di originalità, per esempio nell'aver eletto a proprio eroe Scipione l'Africano e nell'averne fatto il rappresentante più nobile della virtù romana in accezione sia militare che politica. Certo, già si tratta di un gesto di grande impatto culturale e destinato a una lunga fortuna, che ha il merito non solo di riportare il fuoco dell'attenzione sui caratteri fondanti della grandezza di Roma ma anche di svincolarne l'esaltazione dall'inevitabile ed equivoco problema della continuità imperiale, che invece tanto aveva affaticato i secoli precedenti e il Dante teorico dell'impero nel *Monarchia*, e di rivendicarne per contro la storica assolutezza. Puntare su Scipione e sulla guerra punica, e, nel *De viris*, sui condottieri che l'hanno fatta grande significa infatti, in questo primo Petrarca, porre al centro del discorso la vera Roma e la sua *virtus*: la Roma di Livio, e dunque quella dei suoi consoli, dei suoi tribuni, dei suoi cittadini ecc. Lentamente un Petrarca più maturo e realista, senza nulla rinnegare (l'ultima e assai ampia versione della vita di Scipione è piuttosto tarda), modificherà questa posizione e si sposterà, per dir così, verso Giulio Cesare, al quale finirà per dedicare un'impegnativa opera, il *De gestis Cesaris*: ma ciò non toglie nulla all'importanza di questa prima scelta che, va ripetuto, liberava Roma dalle pesanti incrostazioni del suo destino imperiale, restaurava la conclusa autonomia della sua storia e proprio per tale via riusciva a liberare il segreto della sua grandezza e lo trasmetteva all'Umanesimo maturo.

6. GLI ANNI INQUIETI

Ciò che subito emerge, dopo l'incoronazione, è che il nodo principale attorno al quale la vita di Petrarca s'avviluppa in questo critico decennio centrale è costituito dalla dipendenza dalla famiglia Colonna e, più in generale, dalla curia papale, e per contro dalla ricerca di una sistemazione diversa che garantisse insieme il massimo di libertà personale e il massimo di visibilità e prestigio. Quei legami, Petrarca cominciò a reciderli quando, appena incoronato, non tornò subito in Provenza ma si stabilì per circa un anno nella Parma di Azzo da Correggio. Gli anni successivi, infatti, con i loro frequenti spostamenti, possono essere interpretati come un lungo e difficile processo di sganciamento che vede

Petrarca occupato su più fronti in un gioco complicato. Cerca con successo, nonostante tutto, di salvaguardare i propri rapporti e di ottenere quei benefici ecclesiastici che gli consentiranno l'indipendenza economica (nel 1346 diventa canonico della cattedrale di Parma, e nel 1349 gli si aggiunge il canonicato di quella di Padova); insieme, precisa sempre meglio il proprio attacco contro gli ambienti della curia arrivando, nelle lettere *Sine nomine* (cioè, senza destinatario), a toni di incredibile violenza nel denunciare la corruzione ecclesiastica che ha reso 'infernale' Avignone; mette alla prova gli spazi di una libertà che gli appare sempre più irrinunciabile, quale fondamento del suo lavoro intellettuale, e che le signorie del nord dell'Italia, specie la milanese, sembrano garantirgli. Di più, nel 1347, come vedremo meglio avanti, Petrarca appoggia con entusiasmo la prima fase del tentativo di Cola di Rienzo, e sia pure tra ambiguità e contraddizioni pratiche segna il punto di non ritorno che spartisce in due la sua vita, nel senso che sancisce il definitivo distacco dai vecchi ambienti e legami e rende inevitabili altre soluzioni.

L'incoronazione ebbe un effetto immediatamente propulsivo, e nei mesi successivi, tra Selvapiana e Parma, ospite di Azzo da Correggio, Petrarca riprese a lavorare con entusiasmo all'*Africa*, al punto che per un momento poté illudersi di essere vicino alla fine dell'opera (*Epyst.* II 1). Ma nell'inverno del 1342 tornò contro voglia ad Avignone e oppresso da altre faccende interrompe il lavoro. Il 20 gennaio 1343 muore re Roberto di Napoli, e Petrarca, che gli ha dedicato l'*Africa*, accusa il colpo, né cesserà poi di ricordarlo con affetto e ammirazione. Gli nasce nel corso dell'anno la figlia naturale Francesca (non sappiamo chi sia la madre), e il fratello Gherardo si fa monaco certosino, entrando nel monastero di Montrieux, presso Tolone.

I due fatti, nella loro contrapposizione, possono ben rappresentare una divaricazione tra due scelte di vita e due destini sulla quale in effetti Petrarca mediterà in maniera autocritica, sia per accenni espliciti (per esempio nella lettera del Ventoux, *Fam.* IV 1), sia in maniera indiretta ma pregnante, per esempio nell'ampio esame di coscienza del *Secretum*. Nel settembre torna a Napoli per la sua prima missione diplomatica, affidatagli dal cardinale Colonna: chiedere alla regina Sancha la liberazione dei conti di Altamura, imprigionati per ribellione. Non ottiene nulla e trova la città drammaticamente degradata, ma rinsalda i vincoli di amicizia con alcuni napoletani tra cui, soprattutto, Barbato da Sulmona, al quale fa conoscere i versi messi in bocca a Magone morente, nella parte finale del libro VI dell'*Africa*, che da quel momento cominciano a circolare e diventano famosi.

Alla fine dell'anno torna a stabilirsi a Parma, lavorando all'*Africa* e ai *Rerum memorandarum libri*, che in seguito non riprenderà più (dei molti previsti, compone quattro libri e un frammento del quinto). Si tratta di un'opera di compilazione cominciata nel precedente soggiorno in Provenza, ispirata ai *Detti e fatti memorabili* di Valerio Massimo, che raccoglie una serie di fatti esemplari tratti da fonti letterarie e storiche, notevole per l'allargamento ai moderni (vi spicca, per esempio, il commosso ricordo di re Roberto, e la presenza di aneddoti riferiti a Dante), per la cura documentaria e per la libertà dei giudizi spesso culturalmente importanti (vi è già abbozzato quel confronto tra Platone e Aristotele che diventerà poi un cavallo di battaglia del Petrarca maturo e sarà ampiamente sviluppato nel *De ignorantia*). Nel febbraio 1345, durante una notte di tempesta, deve avventurosamente fuggire dalla città assediata dalle truppe dei Visconti e dei Gonzaga. Ripara a Verona, e qui, nella Biblioteca capitolare, scopre e copia i sedici libri delle lettere di Cicerone ad Attico che costituiranno un modello per la futura raccolta delle *Familiares*. Nell'estate riesce a ripassare per Parma, ma nell'autunno riprende la via per Avignone.

7. *DE VITA SOLITARIA*, *BUCOLICUM CARMEN* E *DE OTIO RELIGIOSO*

Gli anni che seguono sono intensissimi sia per gli avvenimenti che si succedono, sia per il varo di nuove impegnative opere che marcano un deciso mutamento di rotta rispetto alla dimensione rigorosamente romana dell'*Africa* e del *De viris*, e si volgono a temi di ampia portata etica e sempre più caratterizzati dalla propria esperienza di vita. A Valchiusa, nella primavera del 1346, compone l'ampio trattato *De vita solitaria* che dedica a Filippo di Cabassoles e che saltuariamente arricchirà di aggiunte, sino ai primi anni '70. L'opera, in due libri rispettivamente di otto e quindici capitoli, esalta la scelta della vita solitaria come la più adatta per i pochi eletti che sanno anteporre all'alienante e torbida vita della città i valori dello spirito, l'esercizio delle lettere, la conoscenza di sé e, insieme, il culto selettivo dell'amicizia (famosa è, nella prima parte, la lunga contrapposizione tra la giornata del solitario nel suo ritiro campestre e quella dell'occupato, cioè il ricco e corrotto faccendiere cittadino); il secondo libro raccoglie una lunga serie di esempi tratti dalla vita di grandi solitari, sia santi che filosofi e poeti, ma anche imperatori e condottieri dell'antichità, e termina ribadendo il duro atto d'accusa contro l'intrinseca immoralità della vita cittadina.

Nel 1347 comincia pure il *Secretum*, che però raggiungerà la sua versione ultima in Provenza, entro la primavera del 1353. All'inizio dello stesso anno visita il fratello nella certosa di Montrieux, e subito dopo, tra febbraio e marzo, compone il *De otio religioso*, che arricchirà di nuove aggiunte sino al 1356. Il trattato, in due libri, è una lunga celebrazione della vita monastica basata su una grande mole di citazioni bibliche e patristiche, e seppur non ha il fascino di tante bellissime pagine del *De vita solitaria* è importante perché fissa uno dei poli ideali della riflessione di Petrarca che in vari modi tornò spesso a confrontarsi con una scelta che non fu mai la sua ma che, attraverso la figura del fratello, lo inquietava per la sua coerente radicalità.

Accanto alle opere in prosa Petrarca via via compone le poesie latine: alcune rimarranno nello stato di rime sparse, ma la maggior parte confluirà poi, nel 1350, nella raccolta delle *Epystole*, in tre libri dedicati a Barbato da Sulmona, per un totale di sessantasei pezzi (rispettivamente, 14, 18 e 34), tra i quali ci sono alcune delle cose più belle che Petrarca abbia scritto. Ma in poesia compone pure, nel triennio 1346-1348, le dodici egloghe del *Bucolicum carmen*, d'evidente imitazione virgiliana nelle quali, sotto il travestimento pastorale e dunque a prezzo di varie oscurità (che hanno forse sin qui velato l'importanza del testo) Petrarca affronta una serie di temi centrali sia sul piano personale e artistico che su quello, particolarmente delicato, della sua posizione nei riguardi della curia avignonese, fatta oggetto di attacchi assai violenti.

In particolare:

1. *Parthenias*, interlocutori *Silvio* e *Monico* (lo stesso Petrarca e il fratello Gherardo), dà voce al dissidio tra vita attiva e vita contemplativa, e mette a confronto la poesia d'ispirazione classica con quella cristiana dei salmi davidici. Petrarca la manderà al fratello nel 1349, accompagnandola con una lettera, la *Fam.* X 4, che nella prima parte contiene un'articolata difesa della poesia, basata sull'idea che il linguaggio poetico è stato sin dalle origini il veicolo privilegiato del sentimento religioso (la teologia stessa potrebbe essere definita la 'poesia di Dio') e che da ciò ricava le sue patenti di superiore nobiltà, e nella seconda parte s'impegna prima a riassumere e poi a spiegare i contenuti allegorici dell'egloga, altrimenti inaccessibili al lettore.

2. *Argo*, interlocutori *Ideo*, *Silvio* e *Pizia* (Giovanni Barrili, Petrarca e Barbato da Sulmona), è una commossa esaltazione dell'amato re Roberto d'Angiò, morto da tempo (20 gennaio 1343), e una denuncia delle misere condizioni del regno di Napoli dopo l'uccisione di Andrea d'Ungheria, marito della regina Giovanna, nella notte tra il 18 e il 19 settembre 1345.

3. *Amor pastorius*, interlocutori *Stupeo* e *Dafne*, celebra l'amore di Petrarca (*Stupeus*, con allusione incrociata all'infiammabile *stupa*, la stoppa, e allo *stupor* che presiede alla rivelazione estatica dell'amore) per Laura/Dafne secondo una complessa partitura che vede l'inseguimento della ninfa, l'incontro con le muse e l'intervento di Calliope, e infine l'esaltazione del Campidoglio, luogo degli antichi trionfi romani e della propria incoronazione poetica.

4. *Dedalus*, interlocutori *Gallo* e *Tirreno* (Petrarca), attacca la pretesa francese di raccogliere l'eredità della grande poesia classica, ch'è invece legittimo e indiscutibile privilegio dell'Italia.

5. *Pietas pastoralis*, interlocutori *Marzio*, *Apicio* e *Veloce* (un Colonna, un Orsini e un messaggero), è un'egloga tutta politica che denuncia in maniera assai lucida la rapacità dell'aristocrazia romana e la sua congenita incapacità di garantire il governo di Roma, al quale sta invece attendendo con ottimi risultati Cola di Rienzo.

6. *Pastorum pathos*, interlocutori *Panfilo* e *Mizione* (l'apostolo Pietro e papa Clemente VI), sceneggia in toni da commedia il dialogo tra l'arcigno apostolo e l'accomodante e intimamente corrotto pontefice che concede ogni libertà ai suoi altrettanto corrotti prelati e lascia andare in malora il gregge che gli è affidato.

7. *Grex infectus et suffectus*, interlocutori *Mizione* ed *Epi* (la curia avignonese, *epi-curia*, con trasparente gioco verbale), si è staccata dalla precedente con la quale faceva corpo unico, e comprende una feroce rassegna dei vecchi e nuovi cardinali di curia, quelli nominati nel dicembre 1350 (onde la seconda parte è una evidente aggiunta a un testo precedente), descritti come altrettanti infoiati e turbolenti caproni.

8. *Divortium*, interlocutori *Ganimede* e *Amiclate* (il cardinale Giovanni Colonna e Petrarca), rappresenta il congedo dal lungo servizio presso il cardinale Giovanni Colonna e insieme l'addio alla Provenza nel momento in cui, nel novembre 1347, Petrarca torna in Italia con la chiara intenzione di trovarvi una stabile sistemazione. L'egloga, che pure è il frutto delle tensioni che si erano accumulate attorno al tentativo di Cola di Rienzo, lascia nella penombra le ragioni politiche, ma l'istanza di libertà personale è tanto radicale da farci intendere che il gesto di Petrarca è gonfio delle motivazioni messe a fuoco in quei mesi cruciali, e che la sua scelta realizza sul piano individuale quanto non era possibile realizzare su quello politico.

9. *Querolus*, interlocutori *Filogeo* e *Teofilo*, denuncia l'arrivo della peste. Filogeo, l'amante delle cose terrene, dinanzi ai guai personali e al male dilagante si chiude entro una dimensione di lamento, cruda e disperata, per qualche verso confinante con l'altra, che Petrarca conosceva bene, dell'accidia. L'altro

interlocutore, Teofilo, colui che ama Dio, richiama, proprio in presenza del male, a beni e valori non perituri, e dunque a una superiore serenità interiore.

10. *Laurea occidens*, interlocutori *Socrate* e *Silvano* (Ludovico Santo di Beringen e Petrarca), è una lunga egloga di 411 versi che racconta della dedizione del poeta a uno splendido lauro ora stroncato dalla tempesta: è il lauro/Laura trasparente simbolo della poesia, che offre l'occasione per una rievocazione in chiave allegorica del proprio percorso e per una gremita rassegna di poeti antichi (che Guido Martellotti ha decifrato in un prezioso esercizio interpretativo).

11. *Galathea*, interlocutrici *Niobe*, *Fosca* e *Fulgida*, è un dialogo a tre voci sulla morte di Galatea (Laura), nel quale si intreccia una serie di motivi che tornano nelle prime rime 'in morte' del *Canzoniere*. Niobe è la voce del dolore inconsolabile e della lode per tanta bellezza e perfezione, Fosca la voce cruda della realtà che invita a dimenticare ciò che per sempre è perduto, e Fulgida la voce che invita a trascendere il dolore e addita la difficile via della gioia per la gloria celeste della quale Galatea, libera dai vincoli del carcere terreno, gode in cielo.

12. *Conflictatio*, interlocutori *Volubile* e *Veloce* (*Multivolus* è il popolo dall'animo volubile e curioso, mentre *Volucer*, il messaggero, è simbolo della fama), è un'egloga violentemente antifrancese e antipapale dedicata alla guerra tra Francia e Inghilterra, e in particolare alla battaglia di Crécy (1346) nella quale gli inglesi di Edoardo III sconfissero i francesi di Filippo VI di Valois, e, in pochi versi finali aggiunti, alla battaglia di Poitiers (1356) nella quale Edoardo III sconfisse e fece prigioniero il re di Francia Giovanni il Buono.

8. COLA DI RIENZO

Tornando agli avvenimenti, grande significato assunse allora il tentativo di Cola di Rienzo, al quale in un primo momento Petrarca aderì con passione. La vicenda si giocò tutta tra il maggio, quando Cola prese il potere, e il dicembre 1347, quando fuggì da Roma. Non si rifarà qui, come sarebbe pur opportuno, la cronaca di quei mesi. Basta ricordare che, dopo una fase iniziale nella quale papa Clemente VI sembrò, se non favorevole, almeno non ostile al tentativo del tribuno di dare un governo stabile ed efficiente a Roma, si arrivò rapidamente, tra agosto e settembre, alla rottura aperta, né valse poi a rallentare il fallimento di Cola la vittoria riportata il 20 novembre alla porta di san Lorenzo sulle truppe dei Colonna, che lasciarono sul terreno ben quattro dei loro. È significativo, infatti, che proprio dopo la vittoria un Cola ormai scoraggiato e in grave crisi anche personale accettasse i primi di dicembre le dure condizioni impostegli sin dall'ottobre da Clemente VI e allora rifiutate: dopo di che il 15 del mese, sempre più sfiduciato, abdicò e fuggì, finendo per trovare riparo prima nel Napoletano e poi tra i francescani spirituali della Maiella.

I sette anni che seguirono, sino al suo ritorno al potere nell'agosto del 1354 e la sua uccisione, in ottobre, sono ancora ricchi di avvenimenti e di interesse, ma sono anche, ormai, altra cosa, nel senso che non si sollevano oltre la sua personale vicenda né sanno rianimare quel sogno di restaurazione repubblicana che aveva affascinato Petrarca e che nell'autunno del 1347 s'era interamente consumato. Il quale Petrarca nel maggio si era messo subito in contatto con Cola incoraggiandolo all'impresa con la famosa *Hortatoria* (*Dispersa* 8 = *Varia* 48), e gli era poi stato vicino, nel luglio e nell'agosto, con lettere sempre più preoccupate. Insieme, aveva mandato al tribuno, accompagnata dalla *Dispersa* 11 (= *Varia* 42) che ne chiarisce alcuni punti particolari, l'egloga V del *Bucolicum carmen*, *Pietas pastoralis*, composta allora, nella fase nella quale Petrarca ancora sentiva di dover dare il proprio contributo ideologico-politico alla causa di Cola. Ma la resa dei conti non tarda, e intrappola Petrarca in gravi difficoltà. Di là dalla delicatissima questione dei rapporti con i Colonna, nemici giurati e ricambiati di Cola, egli deve scegliere, infatti, tra l'asse portante che caratterizza la sua posizione politica in quanto intellettuale: il ritorno del papato a Roma, e il rischio di gettarsi in un'avventura che di fatto aveva finito per dichiarare guerra a quel ritorno e che, non bastasse, si stava rivelando fallimentare. Non sappiamo se ci siano state esitazioni e di che tipo, ma la decisione finale era scontata, così come era scontato l'esito dello scontro.

Se qualche aspetto del distacco di Petrarca da Cola è ancora incerto, insomma, e tutt'altro che infondato il sospetto che egli non reggesse alla durezza della situazione, certo non lo sono le sue ragioni profonde, e il ruolo che il poeta ha scelto per sé ne esce riconfermato, di là dai rischi corsi. Di fatto, Petrarca lascia il 25 novembre Avignone e rientra in Italia, latore di una lettera di Clemente VI a Mastino della Scala intesa a ottenere che costui ostacolasse l'ingresso in Italia di Luigi d'Ungheria, alleato di Cola. Giunto a Genova Petrarca scrive a Cola la discussa *Fam.* VII 7, con la quale si congeda da lui, accusandolo di essersi messo al servizio dei malvagi e facendo ambiguamente capire che non lo avrebbe raggiunto a Roma, come avrebbe avuto in animo di fare. Ma a chi allude, con quei «malvagi»? Quasi certamente proprio all'alleanza di Cola con Luigi d'Ungheria, che certo dovette turbare Petrarca, che nella *Fam.* VII 1, del settembre, aveva scritto al tribuno elogiandone l'operato e però scagliandosi, con stridente contraddizione, contro l'invasione dei 'barbari' ungheresi dai quali proprio Cola s'aspettava aiuto. Il fatto è che Petrarca non poteva non sapere dei legami di Cola con Luigi: il che finisce per convincere che egli si finga a bell'apposta così *naïf* da esaltare il tribuno e vituperare il suo alleato precisamente per predisporsi una via d'uscita.

9. LA PESTE NERA, LA CRISI DEL 1348 E L'ULTIMO SOGGIORNO IN PROVENZA

Il comportamento di Petrarca, per un momento ai limiti del doppio gioco, non comporta ch'egli deflettesse dai propri obiettivi, ch'erano sempre più chiaramente quelli di liberarsi dalla tutela della curia papale e dei Colonna. È proprio nel 1347, infatti, che Petrarca interrompe il servizio presso il cardinale, e dedica l'egloga ottava del *Bucolicum carmen*, *Divortium*, a questo ch'è non solo il sofferto distacco dal cardinale e dagli ambienti francesi, ma anche il congedo dalla prima metà della propria vita e la scelta, nel segno della ritrovata libertà, dell'Italia. In questa ottica appare dunque conseguente ch'egli, tornato ancora una volta a Parma allora in mano viscontea, dopo la missione veronese, stringa subito buoni rapporti con Luchino Visconti e con il suo rappresentante in Parma, Paganino da Bizzozzero, e con notevole anticipo e lucidità politica prepari le vie per la definitiva scelta milanese che attuerà però solo nella primavera del 1353, appena si sarà calmato il forte scontro che in quegli anni opponeva il papato e la città di Firenze da una parte, e i Visconti dall'altra.

Intanto, a partire dall'inizio del 1348 dilaga la grande peste che avrebbe quasi dimezzato gli abitanti d'Europa. Questo fu un evento particolarmente traumatico nella vita di Petrarca, che ne vide colpiti molti suoi amici, tra cui Franceschino degli Albizi e Sennuccio del Bene. Muore anche il cardinale Giovanni Colonna e muore Laura, come riferisce a Petrarca una lettera di Ludovico di Beringen (Socrate) che gli giunge a Parma il 19 maggio. Così, viene meno anche il più forte dei legami che intimamente lo legavano alla Provenza, come Petrarca stesso scrive nella nota famosa che ha scritto forse più tardi, nel 1351, nel verso del foglio di guardia del Virgilio Ambrosiano, ch'è qui opportuno riferire per intero:

> Laura illustre per le sue virtù e a lungo celebrata nei miei carmi, apparve per la prima volta ai miei occhi nel primo tempo della mia adolescenza l'anno del Signore 1327, il sesto giorno d'aprile nella chiesa di santa Chiara

in Avignone, a mattutino, e in quella stessa città, nello stesso mese d'aprile, nella stessa prima ora del giorno dell'anno 1348, la luce della sua vita è stata sottratta alla luce del giorno, mentre io mi trovavo per caso a Verona, ignaro, ahimé! del mio fato. La notizia dolorosa mi raggiunse a Parma in una lettera del mio Ludovico nello stesso anno, la mattina del 19 di maggio. Il suo corpo castissimo e bellissimo fu messo a riposare nel cimitero dei frati minori il giorno stesso in cui ella morì, al vespro. Sono convinto che la sua anima sia ritornata al cielo da dove era venuta, come quella dell'Africano di cui dice Seneca. Ho ritenuto di scrivere questa nota ad acerbo ricordo di tale perdita, e tuttavia con una certa amara dolcezza, su questa pagina che spesso mi torna sotto gli occhi, affinché mi venga l'ammonimento, dalla frequente vista di queste parole e dalla meditazione sul rapido fuggire del tempo, che non c'è nulla in questa vita in cui io possa ormai trovare piacere e che è tempo, ora che è rotto il legame più forte, di fuggire da Babilonia: e ciò per la preveggente grazia di Dio sarà per me facile se rifletterò con virile perseveranza sulle inutili cure, sulle vane speranze e sugli eventi imprevisti del tempo passato.

È tempo di 'fuggire da Babilonia', cioè da Avignone. Tra tanti problemi aperti il punto fermo è questo, tanto più che, volgendosi indietro, Petrarca vede solo *inutili cure*, *vane speranze* ed *eventi imprevisti*: e in questa situazione di forte crisi, nel corso del 1348, egli compone, «in mezzo alle mie miserie», com'egli stesso scrive, la sua opera d'ispirazione più schiettamente e integralmente religiosa, i sette *Psalmi penitentiales*, a imitazione dei salmi davidici. Ma almeno la tranquillità economica è a portata di mano, perché nel frattempo, come s'è detto, è diventato canonico e poi arcidiacono della cattedrale di Parma, e canonico (1349) della cattedrale di Padova.

Si muove molto, tra Verona, Parma e Padova, e a Venezia conosce il doge Andrea Dandolo. Intanto, mette mano alla raccolta delle *Familiares*, che dedica a Socrate, e a quella delle poesie latine, che dedica a Barbato da Sulmona. Nel 1350, in occasione del Giubileo, va a Roma e passa per Firenze ove finalmente Boccaccio, che già gli aveva scritto una lettera in versi ora perduta, può conoscerlo di persona: qui, fa amicizia con Zanobi da Strada, Lapo da Castiglionchio e Francesco Nelli, priore della chiesa fiorentina dei Santi Apostoli, al quale dà il nome di Simonide e dedicherà la raccolta delle *Seniles*. Nel 1351 scrive all'imperatore Carlo IV di Boemia esortandolo a scendere in Italia (*Fam.* X 1), e al doge Andrea Dandolo, invocando la pace tra la repubblica di Venezia e quella di Genova: ma intanto, su invito del papa, deve tornare ad Avignone, ove arriva nel giugno 1351, dopo aver ricevuto nell'aprile, a Padova, la visita di Boccaccio che a nome del comune inutilmente gli offre una cattedra presso lo Studio fiorentino.

Ad Avignone, rifiuta l'incarico di segretario papale; continua a dedicarsi alle raccolte epistolari e, a partire da un duro scambio polemico con un anonimo medico di papa Clemente VI, compone i quattro libri delle invettive *Contra medicum* che terminerà nel 1355. Il primo libro accusa i medici del tempo di ciarlataneria e di avidità di guadagno, unica cosa della quale in verità si preoccupano, e questo tema resta predominante anche nel secondo libro nel quale Petrarca soprattutto irride la presunzione del medico che vorrebbe passare per filosofo, quando le sue squallide e del tutto empiriche e in ogni caso letali pratiche confinano il suo mestiere al più basso livello delle arti meccaniche. Di qui il discorso passa, nel terzo libro, a un'eloquente difesa della poesia, giudicata dal contendente priva di ogni dignità in quanto cosa del tutto inutile: Petrarca ribatte che la poesia esprime i contenuti spirituali più alti ed è, per questo, una forma di conoscenza della divinità e quasi un preludio alla teologia. Il quarto libro, infine, ripropone le tesi centrali del *De vita solitaria*, che il medico aveva criticato sostenendo che contraddicevano alla fondamentale natura sociale dell'uomo.

10. L'*AFRICA*

In questo ultimo soggiorno provenzale Petrarca allarga il disegno iniziale del *De viris* che diventa da romano universale, secondo un progetto del quale Petrarca medesimo, nel *Secretum*, per bocca di Agostino, condanna la megalomania, ma compone solo dodici nuove vite, da Adamo a Ercole (Adamo, Noè, Nembrot, Nino, Semiramide, Abramo, Isacco, Giacobbe, Giuseppe, Mosè, Giasone, Ercole: ma quest'ultima è incompiuta). Questi insomma sono gli anni del ripensamento da parte di Petrarca della propria carriera di intellettuale; la concezione medesima della romanità si è fatta più matura e problematica, investendo, *à rebours*, la stessa *Africa* cominciata nell'ormai lontano 1337 e investita, ora, da una più esigente sensibilità morale, tra stoica e cristiana che ha finito per modificarne l'aspetto. Per quanto non sia facile, infatti, ricostruire il lungo e frammentato processo compositivo del poema, sembra sicuro che esso sino a un certo punto sia stato una sorta di opera aperta che prima di essere abbandonata ha accompagnato per lungo tratto l'evoluzione del pensiero e della sensibilità dell'autore. E appare assai probabile che proprio in questi anni, a cavallo tra i '40 e i '50, abbia in linea di massima assunto l'aspetto con il quale la conosciamo.

L'*Africa* ci è giunta largamente incompleta: si tratta di nove libri invece dei dodici previsti dal modello virgiliano, caratterizzati da evidenti squilibri, da passi e da singoli versi che avrebbero richiesto un'ulteriore revisione e da almeno una grossa lacuna che tronca il quarto libro (ma anche il nono e ultimo è incompleto) e che segna forse il limite al quale è giunta una sistematica opera di correzione e rifacimento. I primi due libri sono occupati da un lungo sogno fatto da Scipione appena giunto in Africa, che s'ispira direttamente al ciceroniano *Somnium Scipionis*. In tale sogno Publio Scipione appare al figlio e gli predice la futura grandezza di Roma, ma il suo discorso finisce per assumere contenuti e toni diversi concentrandosi sul tema della fugacità della gloria e sulla labilità stessa di ogni realtà terrena, vittima del tempo e della morte. A questa parte largamente introduttiva che proietta sul resto del poema il lungo cono d'ombra di una sensibilità cristiana e sembra almeno in parte frutto degli ultimi anni '40 e strettamente legata al *Secretum*, segue, nel libro terzo e nello spezzone del quarto, la parte probabilmente più antica, che vede Lelio, il fedele luogotenente di Scipione, ospite nella reggia di Siface, impegnato nella rievocazione della passata storia romana e nelle lodi di Scipione.

È solo con il libro quinto, finalmente, che l'azione si mette in moto, con la lunga vicenda di Massinissa e Sofonisba, destinata ad occupare lo stesso spazio patetico che l'episodio di Didone ha nell'*Eneide*. Il giovane re numida, alleato di Scipione, resta folgorato dalla bellezza della regina, moglie dello sconfitto Siface che aveva finito per allearsi con i cartaginesi, e invece di riservarla come prigioniera per il trionfo romano la sposa; Scipione interviene, convince Massinissa della sua pazzia e gli ordina di mandare a Sofonisba il veleno per un suicidio che l'avrebbe almeno salvata dall'umiliazione del trionfo. Sofonisba stoicamente beve la coppa avvelenata e muore. Il libro sesto è ancora occupato da Sofonisba che scende all'Averno tra le vittime d'amore (Petrarca ne racconterà ancora la vicenda nel capitolo secondo del *Trionfo d'Amore*, vv. 1-87, e nel *De viris*, XXI 6, 52-86); ha poi largo spazio la partenza di Annibale dall'Italia, e lo conclude l'episodio della morte di Magone, il giovane fratello di Annibale che, ferito a morte, sulla nave che lo sta riportando in patria pronuncia commoventi e amare parole sulla profonda vanità delle imprese umane e di ogni desiderio di gloria, e muore. Questo è senz'altro il passo più divulgato e celebrato dell'*Africa*, sin da quando, nel 1344, Petrarca lo fece conoscere all'amico Barbato da Sulmona durante il suo secondo soggiorno napoletano.

Il libro settimo vede in azione Scipione e Annibale, che hanno un lungo colloquio prima della battaglia finale e s'affrontano poi, a Zama, e termina con la fuga di Annibale. Il libro ottavo, quello dal contenuto più storicamente circostanziato, racconta una serie di episodi successivi alla battaglia di Zama e le trattative e le condizioni della pace, e termina con Scipione che salpa per l'Italia dopo aver dato fuoco alla flotta punica. Nel libro nono e ultimo, durante il viaggio di ritorno, Scipione dialoga con Ennio sul tema della grande poesia, ed Ennio riferisce il lungo sogno nel quale gli è apparso Omero ed ha avuto la profetica visione di Petrarca stesso che dopo tanti anni tornerà a cantare la gloria di Scipione. Infine, Petrarca descrive brevemente il trionfo di Scipione e, nel congedo, indirizza il proprio poema alla tomba di re Roberto profetizzando l'avvento di un'età nuova propizia ai buoni e illuminata dall'amore per la poesia.

Come si vede, nell'*Africa* si sogna molto, al principio e alla fine, e ancora più si parla, mentre di azione vera e propria ce n'è pochissima. Questo carattere da una parte rende incerto e divagante il filo propriamente narrativo, ma dall'altra fa sì che l'opera appaia come un concentrato dei temi che più stavano a cuore a Petrarca (la grandezza della Roma repubblicana e di Scipione, la gloria, la labilità delle illusioni terrene, l'esaltazione della poesia, ecc.). Con la doppia conseguenza che i lettori sono sempre stati indotti a una lettura fortemente antologica (l'ultima parte del sogno di Scipione; la storia di Sofonisba e Massinissa; la morte di Magone sono le parti – l'ultima, soprattutto – che da sempre hanno goduto di questo privilegio), ma che, insieme, l'opera tutt'intera si presenti come un deposito *in progress* di idee e motivi che intreccino un dialogo fitto e suggestivo con l'insieme delle altre opere.

11. IL *SECRETUM*

In dialettica con l'*Africa* e con l'ideologia e il fascio di ambizioni che la sostiene sta il *Secretum*, la cui azione è posta dall'autore tra il 1342 e il 1343, ma che è stato cominciato nel 1347, e riscritto e compiuto in Provenza in questi primi anni '50. Alla fine del proemio Petrarca scrive: «Tu dunque, libretto, evita il pubblico e statti contento di restare con me, memore del tuo titolo. Sei, infatti, *Il mio segreto*, e proprio così ti chiamerò: e quando io sia impegnato in cose maggiori, così come in segreto hai registrato quanto è stato detto, in segreto me lo ricorderai», mentre in una postilla posta all'inizio ne specifica meglio il contenuto mediante una sorta di titolo interno: *De secreto conflictu curarum mearum* («Il segreto conflitto dei miei pensieri»). E davvero sembra che Petrarca non l'abbia fatto leggere ad alcuno, neppure a Boccaccio, anche se, appena dopo la sua morte, un religioso, fra' Tedaldo della Casa, ha potuto trascriverlo diligentemente e, si direbbe, senza alcuna difficoltà proprio dall'autografo poi perduto. L'ambiguità tutta petrarchesca di un'opera sottratta alla circolazione, dal contenuto intimo e personale, e però destinata ai posteri quale pubblica confessione e ritratto di sé – quasi, appunto, la vera e compiuta *Posteritati* – già ci mette sulla via per apprezzarne la novità e la complessità.

Sui modelli predominanti del *De consolatione Philosophie* di Boezio e, soprattutto, delle *Confessiones* di sant'Agostino che in maniera diretta e indiretta costituiscono un continuo, essenziale punto di riferimento, il *Secretum* si presenta come una lunga confessione alla quale assiste muta la Verità, costruita attraverso il dialogo tra due personaggi, *Augustinus* e *Franciscus*, cioè tra sant'Agostino e Petrarca stesso. La struttura del dialogo è semplice e articolata al tempo stesso. Il primo libro pone le fondamenta. *Franciscus* lamenta l'infelicità, l'insoddisfazione e i veri e propri attacchi di disperazione che gli avvelenano la vita, e *Augustinus* gli dimostra che l'oscura radice di tanta sofferenza e smarrimento consiste in un difetto della volontà, infestata dai fantasmi delle cose terrene e dunque incapace di scegliere il vero bene e di dirigersi con coerenza verso di esso. Il secondo libro fa un passo in avanti: *Augustinus* sottopone a un minuzioso esame il riluttante *Franciscus*, che tende a negare e a difendersi, per costringerlo a riconoscere e a condannare i suoi cedimenti ai peccati: nell'ordine, la superbia, il desiderio di beni terreni, l'ambizione, la gola e l'ira (ma di queste due colpe *Augustinus* lo trova innocente), la lussuria (secondo dei peccati carnali dopo la gola, è anticipato dal santo per essere ripreso in chiave particolare nel libro seguente), e infine l'*acedia* o *tristitia*, che potremmo definire con qualche approssimazione come uno stato di depressione acuta e di disperazione, speciale e pericolosissimo peccato che comporta rifiuto e odio per il creato e infine per Dio stesso. Nel terzo libro *Augustinus* muove all'attacco delle due maggiori 'catene di diamante' che impediscono la salvezza di *Franciscus* e che costui dovrebbe finalmente riuscire a spezzare: l'amore per Laura, che sotto la maschera meramente ideologica di un amore puro e sublimante nasconde la realtà di una distruttiva passione carnale, e l'amore per la gloria, che si manifesta, in concreto, nel fascio di equivoche ambizioni riposte in un'impresa poetica come quella dell'*Africa*, che infatti *Franciscus* è invitato ad abbandonare insieme al *De viris*. Nella conclusione *Franciscus* si dichiara convinto delle parole del santo e disposto a farne tesoro, ma per il momento si sottrae a decisioni radicali visto che non è capace di rinunciare agli impegni intrapresi e agli effettuali contenuti della propria vita: «Sarò presente a me stesso quanto più potrò, e raccoglierò gli sparsi frammenti della mia anima e dimorerò in me, con attenzione. Ma ora, mentre parliamo, mi aspettano molte e importanti faccende, benché ancora mortali». E *Augustinus*: «Vada pur così, visto che non può essere altrimenti».

Questa conclusione, che ad alcuni è apparsa insieme debole e deludente, è in verità la più intelligente e appropriata alla natura del dialogo. Il quale esprime la profonda esigenza di ridefinire i parametri morali e intellettuali di una svolta intesa più come momento di crescita che di conversione vera e propria, dopo la delusione per il tentativo di Cola, dopo la grande peste, la morte di Laura e di tanti amici, la definitiva crisi dei rapporti con la curia e i Colonna, e dopo la scelta di chiudere con la prima metà della propria vita e di trasferirsi in Italia. Che Petrarca, insomma, torni alle sue opere per terminarle, così come torna alla vita e ai problemi che questa gli presenta, è esattamente tutto quello che è giusto aspettarsi che faccia. Lo dice chiaramente, del resto, nelle estreme battute del colloquio, che *magna mortalia negotia* lo aspettano, e nessun altro ipotizzabile finale avrebbe potuto cancellare questa elementare verità. La vita è quello che è, e dopo aver passato al vaglio per tre giorni le proprie debolezze, le sofferenze e le contraddizioni, non resta che tornare ad essa. Non certo allo stesso modo di prima, s'intende, ma con l'incremento di coscienza e la vigilanza critica e autocritica che un siffatto intimo esame ha prodotto. I mali e i problemi restano, così come restano gli obblighi e le opere da portare a termine: cambia la sola cosa che può cambiare, l'atteggiamento di Petrarca verso di essi. D'ora in poi egli dovrà ricordarsi in ogni circostanza di porre se stesso al centro delle proprie scelte – di vivere per sé, come il santo gli impone – e di commisurarle all'inesorabile trascorrere del tempo e all'immanente attualità della morte. Il trascorrere rapidissimo del tempo, la morte, la malattia, la piccolezza del mondo abitato, e l'inevitabile frustrazione che colpisce chi si affida alla miseria delle dimensioni terrene sono infatti i temi che *Augustinus* affronta in pagine di splendida retorica, e che sottilmente s'intrecciano con l'analitica precisione con la quale *Franciscus* gli oppone l'altra e altrettanto inconfutabile verità della propria esperienza esistenziale e delle vitali passioni che la nutrono. Sì che il *Secretum* non è un dialogo chiuso, costruito sulla subordinazione gerarchica di una voce all'altra, ma un dialogo aperto nel quale quelle voci sono complementari e si arricchiscono a vicenda. E il fatto che *Franciscus* veda in *Augustinus* e dunque nell'Agostino storico una sorta di *alter ego*, protagonista infine vittorioso di un'analoga esperienza di dolore e smarrimento, non comporta affatto ch'egli sia una mezza figura, interamente fagocitata e come risucchiata dal suo grande interlocutore. Al contrario. La realtà morale della persona di *Franciscus* riceve, così, un riconoscimento assolutamente speciale che diventa sostanza, non morte, del dialogo. Da una parte ci sono i reali amori, desideri, speranze e tentazioni più o meno leciti, più o meno fondati, di *Franciscus*; dall'altra, la sua ragione – il suo personale *Augustinus* – che tutto getta contro l'incombente realtà della morte, e dunque lo invita a trascendere le effimere realtà terrene con il convergente aiuto della saggezza stoica e della fede cristiana. Perciò, per comprendere il *Secretum*, è bene non ridurne o accomodarne il conflitto deprimendo il ruolo di *Franciscus* e usando contro di lui le sue stesse parole, ma invece tendere al massimo l'autonomia degli elementi che si affrontano perché solo questo urto irrisolto ne libera il significato e trattiene il segreto della sua bellezza.

12. LE SCELTE E LE OPERE DELLA TARDA MATURITÀ

Nella primavera del 1353 Petrarca decide di ripartire, questa volta definitivamente, per l'Italia: alla fine di maggio è a Milano ove si stabilisce in una casetta presso sant'Ambrogio, sotto la protezione dei Visconti. In Provenza non tornerà più. L'opera di sganciamento dalla curia e la ricerca di nuove e più libere dimensioni di vita s'è dunque compiuta, dopo essere andata insieme, in quegli anni tormentati, a traumi politici e personali che l'avevano costretto a riflettere più intensamente su se stesso e sulla sua opera: ed è precisamente qui, nel cuore di questa riflessione, che egli radica e sviluppa quel suo peculiare programma autobiografico al quale, sino ai suoi ultimi giorni, resterà fedele.

La decisione di accettare l'ospitalità dei Visconti suscita una forte reazione negli amici fiorentini, ed è Boccaccio a muovere a Petrarca le accuse più dure che mai gli siano state rivolte: quelle, in sostanza, d'essersi venduto per denaro ai peggiori tiranni d'Italia. Ma Petrarca non batte ciglio: lascia che la tempesta si plachi (e in breve si placherà e Boccaccio tornerà ad essergli amico e corrispondente), e non solo resta fedele ai Visconti, ma da subito accetta da loro onori e incarichi. Nei primi mesi del 1354 è a Venezia a capo di un'ambasceria milanese per scongiurare una guerra con Genova; nell'ottobre è lui a pronunciare l'orazione funebre per l'arcivescovo Giovanni Visconti; nel 1356 è mandato da Galeazzo e Bernabò come ambasciatore, prima a Basilea e poi a Praga, presso l'imperatore Carlo IV, già conosciuto a Mantova alla fine del 1354, e nell'occasione è nominato conte palatino; alla fine dell'anno risponde a nome dei Visconti all'ultimatum lanciato contro di loro dal vicario imperiale e vescovo di Augusta Markward von Randeck; nel 1358 tiene l'orazione ufficiale per il rientro dei Visconti a Novara;

nel 1359 scrive a proprio nome (*Fam.* XIX 18) e a nome di Bernabò (*Misc.* 7 = *Disp.* 39) al frate agostiniano Iacopo Bussolari, che guidava la ribellione di Pavia contro il dominio visconteo, per invitarlo alla resa; nel gennaio del 1361 è ambasciatore a Parigi presso Giovanni II, già prigioniero degli inglesi dopo la sconfitta di Poitiers, al quale i signori di Milano hanno pagato la prima rata del riscatto; nel 1368 incontra nuovamente a Udine Carlo IV, con l'incarico di mediare i rapporti tra l'imperatore e i Visconti... Come si vede, Petrarca è sempre a disposizione, anche quando non è a Milano: nel 1361 risiede infatti a Padova; a partire dal 1362 soggiorna spesso a Venezia, ove ospita Boccaccio, e progetta di cedere la propria biblioteca alla città in cambio di una dimora adeguata: il senato accetta e gli assegna palazzo Molin, sulla riva degli Schiavoni, ma infine non se ne fa nulla, e Petrarca torna a Milano e a Pavia, ancora ospite dei Visconti. Nel 1368 si stabilisce a Padova, e Francesco da Carrara gli dona un terreno ad Arquà, sui colli Euganei, ove edifica la casa nella quale, a partire dal 1370, trascorre gli ultimi anni di vita, impedito a intraprendere altri viaggi dalle cattive condizioni di salute (proprio nel 1370 parte per Roma, ma a Ferrara è colto da un grave malore e deve tornare indietro). Ma nell'ottobre 1373 è ancora per breve tempo in missione a Venezia insieme al figlio di Francesco da Carrara, Francesco Novello: morirà dieci mesi dopo, nella casa di Arquà, nella notte tra il 18 e il 19 luglio, e sarà sepolto nella chiesa parrocchiale. Solo nel 1380 i suoi resti saranno trasferiti nell'arca che è ancora al centro della piazza del paese.

Milano e Pavia, Venezia, Padova: questo è il circuito delle città nelle quali Petrarca, tranne qualche momentanea assenza (nel 1365 è per un breve periodo a Bologna, e poi nel Casentino) trascorre il terzo e ultimo periodo della sua vita, complessivamente sereno, onorato e sino all'ultimo operoso. La prima grande opera cominciata a Milano, nel 1354, è il *De remediis utriusque fortune*, che corrisponde al programma enunciato nel *Secretum* di allestire una sorta di enciclopedia comportamentale da avere sottomano, e subito ripetuto nel *Proemio* della nuova opera, là dove l'autore ne spiega ad Azzo da Correggio, al quale è dedicata, le coordinate fondamentali. A sopportare i mali della vita giova avere a disposizione una serie di *conscripta remedia*, di rimedi scritti ispirati ai principi di ragione e appoggiati a esempi illustri che mostrino come quei principi siano storicamente riusciti a tradursi in comportamenti umani concreti e riproducibili:

> ho badato soprattutto che non fosse necessario buttare all'aria tutta una biblioteca a ogni sospetto o rumore d'avversità; piuttosto, ho voluto che verso tutti i mali dovuti all'alternanza della sorte, anche di quella buona

e altrettanto nociva, tu avessi in un piccolo scrigno, immediatamente e a portata di mano, come si dice, dappertutto e in ogni circostanza, un rimedio breve ma confezionato da mano amica, quasi un utile antidoto a quella duplice malattia.

E tale è appunto, in essenza, il *De remediis*, che ha goduto di vastissima fortuna europea sino a tutto il Seicento. L'impianto dell'opera è piuttosto semplice. Nelle due parti dalle quali è composta *Ratio* ammonisce diffusamente circa l'atteggiamento morale che l'uomo deve avere prima nei confronti dei casi fortunati, e poi di quelli avversi. Così, essa dapprima ascolta *Gaudium* (e in altri casi *Spes*) che esalta i propri successi, e lo invita a riflettere sui rischi che li minacciano e li rendono tanto precari, e dunque a evitare ogni sciocco e immeritato compiacimento e ogni ingiustificata superbia. Poi ascolta *Dolor* (e infine anche *Metus*) che si affligge delle proprie sventure e paure, e spiega come trascenderle preservando la propria libertà e dignità interiori: a questo fine, si dovrà uscire dall'ambito ottuso della sofferenza e aprirsi a una dimensione più ampia, che tenga nel giusto conto i limiti della condizione umana e ne sopporti le inevitabili miserie con la cultura morale dello stoicismo (la cui influenza è qui particolarmente forte) e con le certezze della fede cristiana.

Il *De remediis* è finito di comporre nel 1366-1367: frattanto, nel 1355, Petrarca aveva scritto l'*Invectiva contra quendam magni status hominem sed nullius scientie aut virtutis* (come sempre, egli non fa mai i nomi dei suoi avversari), contro il cardinale Jean de Caraman che aveva parlato male di lui, e ne trae occasione per difendere la sua scelta di accettare la protezione dei Visconti. Nel 1358, per il milanese Giovanni Mandelli, compone in breve tempo l'*Itinerarium breve de Janua usque ad Ierusalem et Terram Sanctam*, altrimenti noto come *Itinerarium syriacum*; nel 1366 scrive una lunga lettera a papa Urbano V, esortandolo a riportare la sede papale a Roma (*Sen*. VII 1); nel 1367 (ma la stesura definitiva è di tre anni dopo), durante un viaggio da Venezia a Pavia, scrive il *De sui ipsius et multorum ignorantia*, forse la più nota e riuscita delle sue polemiche e quella riassuntiva del suo pensiero, dalla quale, nei paragrafi che seguono, si trarranno molti preziosi elementi. L'occasione per scriverla gli fu fornita da quattro aristotelici padovani che lo avevano giudicato 'uomo buono ma ignorante', intendendo così confinare la sua opera in un ambito moralistico e predicatorio, estraneo a ogni rigore scientifico e speculativo, e Petrarca risponde a tono affrontando il punto centrale della questione: la vera natura del sapere. In pagine particolarmente brillanti egli ribadisce dunque che il cuore di ogni sapere sta nella 'scienza della vita', e cioè nell'etica, mentre nulla aggiungono alla perfezione morale dell'uomo le scienze della natura e la riduzione di quelle che chiameremmo discipline umanistiche a mera scienza del linguaggio.

Nel 1369-1370, su invito di Francesco da Carrara che voleva far decorare la Sala dei Giganti, comincia a stendere un compendio del suo *De viris*, nella sua parte romana, ma non lo porta a termine. Compie invece una delle sue opere storiche più importanti, significativa del mutamento di prospettiva che aveva incominciato ad agire in lui dopo l'esperienza di Cola, il lungo e impegnativo *De gestis Cesaris*, in qualche modo ideale contraltare della terza e più ampia redazione della vita di Scipione, ch'è forse da collocare nella seconda metà degli anni '50. Nel 1373 legge un testo di Jean de Hesdin che confutava i suoi argomenti affinché il papa abbandonasse Avignone e rivendicava la superiorità culturale della Francia sull'Italia, e scrive in risposta l'invettiva *Contra eum qui maledixit Italie* ove, in termini durissimi contro la Francia, sostiene che solo l'Italia può pretendere per sé l'eredità di Roma che resta il modello indiscusso e più alto di civiltà. Nello stesso anno insieme alla lettera *Sen.* XVII 3 manda a Boccaccio la traduzione latina dell'ultima novella del *Decameron*, quella di Griselda, intitolata *De insigni obedientia et fide uxoria*, e in questa versione la novella avrà un'enorme diffusione europea. Scrive anche una lunga lettera a Francesco da Carrara, la *Sen.* XIV 1, ch'è un vero e proprio trattato sul buon governo.

Come si vede, in questo terzo periodo la vita di Petrarca corre lungo binari consolidati: ci sono varie e importanti opere nuove (*De remediis*, *De gestis Cesaris*, le invettive, e varie cose minori, come le orazioni: ma s'aggiungano le lettere, *Familiares* e *Seniles*, spesso bellissime, come sono, per esempio, quelle indirizzate a Boccaccio, specie le più tarde), ma c'è anche, costante e impegnativo, il lavoro attorno alle opere già impostate e in gran parte composte. L'*Africa*, il *De vita solitaria*, il *De otio*, il *De viris* sono riviste e arricchite, e spesso non si riescono a distinguere le correzioni o le parti nuove, sì che datarle è sempre un problema. Di più, a partire dai primi anni '50 cogliamo finalmente Petrarca al lavoro senza soluzione di continuità attorno alle sue opere volgari. Dalla metà del decennio, infatti, l'impegno dedicato sin lì alla poesia in latino, *Africa*, *Bucolicum carmen*, *Epystole*, si trasferisce completamente alla poesia volgare del *Canzoniere* e dei *Trionfi*, ed è specialmente significativo che proprio su questa la sua vita si chiuda. Al 1373-1374, infatti, risalgono i capitoli finali dei *Trionfi*, il *Tr. del Tempo* e il *Tr. dell'Eternità* (composto tra il gennaio e il febbraio 1374, ce ne resta l'autografo), mentre sino all'ultimo egli attende a limare e a riordinare il *Canzoniere*, sul codice parzialmente autografo Vaticano Latino 3195.

CAPITOLO 2

Le idee portanti

1. ETICA E POLITICA

Quanto s'è rapidamente detto sin qui della vita di Petrarca richiede un chiarimento circa gli atteggiamenti in senso lato politici di Petrarca e della riflessione che li sostiene. Tale necessità deriva tanto dalle sue scelte pratiche, che rivelano una costante attenzione verso il mondo del potere e i suoi intrecci, quanto dalla moderna tradizione critica (ma in verità si dovrebbe partire da Boccaccio, come s'è visto) che proprio su questo piano lo ha severamente giudicato. Su Petrarca grava infatti ancora oggi, seppure in forme attenuate, il giudizio assai duro di De Sanctis, che prevede un esplicito e impietoso confronto con Dante guidato dall'intenzione di fondo di presentare Petrarca come una sorta di archetipo dotato di altissima esemplarità del *tipo* dell'intellettuale italiano infingardo e parolaio, asservito al potere attraverso lunghi secoli di decadenza politica e civile. Il giudizio, va subito detto, è palesemente ingiusto, e la questione assai più complessa.

Per cominciare, diremo che a Petrarca è del tutto estranea ogni concezione che diremmo funzionale (o, in altro modo, servile) della professione intellettuale, che si inscriva in un quadro organizzato di rapporti all'interno del corpo sociale, dei suoi ordini e delle sue gerarchie. Quella professione, al contrario, è il frutto di una scelta elitaria che comporta una necessaria distanza rispetto all'universo delle compromissioni politiche, sociali ed economiche, proprio come il *De vita solitaria* teorizza.

A partire da questa premessa, non ci stupisce che Petrarca esibisca spesso un atteggiamento critico nei confronti delle istituzioni del potere e sia lontano dal nutrire utopie di tipo politico. Se infatti passiamo su un terreno appena più solido, troviamo Petrarca del tutto libero da ipoteche imperiali: in questo senso, con lui il Medioevo è davvero finito e nulla è più estraneo al suo pensiero che un'idea di impero universale, a dispetto dei suoi rapporti con Carlo IV di Boemia e delle lettere a lui rivolte affinché tornasse a rimettere ordine in Italia (si vedano almeno le due 'esortatorie' *Fam.* X 1, e XII 1, ma anche XIX 1 e 12). Ma negativo è anche il suo atteggiamento verso il potere della Chiesa, responsabile di aver ridotto Avignone a città infernale e soprattutto di aver portato Roma al disastro: basti rileggere le prime lettere, la 2 e la 3, dirette a Cola, della raccolta *Sine nomine*, cioè della raccolta epistolare che non è affatto una colorita esercitazione letteraria nel genere dell'invettiva, ma un testo propriamente politico, dedicato a mostrare con la maggiore durezza possibile quanto poco l'Italia e Roma in particolare potessero aspettarsi da *quei* papi e da *quella* Curia (com'è, del resto, anche nelle due egloghe, la VI, *Pastorum pathos*, e la VII, *Grex infectus et suffectus*). Né le cose cambiano se andiamo all'estremo opposto, all'esperienza italiana dei liberi comuni che soprattutto Firenze rappresentava. Ebbene, in questo caso egli condanna come tiranni della peggior specie i membri dell'oligarchia fiorentina. È vero che nel caso giocava la sua ostilità, di probabile origine familiare e del resto ricambiata, verso la città *mercatrix et lanifica* che riduceva la politica alla somma dei suoi interessi mercantili, ma non c'è dubbio che egli avesse difficoltà a confrontarsi con i regimi di tipo repubblicano, come può mostrare anche la rapida e infine fallimentare parabola dei suoi rapporti con Venezia. Il modello da lui tanto studiato e ammirato della repubblica romana non si presta dunque a facili attualizzazioni, neppure a proposito del tentativo del tribuno Cola di Rienzo. Nel caso, infatti, Petrarca esalta la *virtus* dell'individuo, non quella di un corpo collettivo, e in tale individuo egli non esita ad invocare una pienezza di poteri e una radicalità di comportamenti compiutamente tirannici. Cola, infatti, si è condannato da sé quando per indecisione e debolezza, potendolo fare, non ha sterminato in un colpo solo i suoi nemici: ci si riferisce naturalmente alla famosa *Fam.* XIII 6, del 1352, nella quale, rivolgendosi al Nelli, Petrarca rimprovera Cola, giudicato degno di ogni supplizio per non aver avuto il coraggio di uccidere, come aveva detto di voler fare, i capi delle nobili famiglie romane, imprigionati a sorpresa la notte tra il 14 e il 15 settembre 1347.

Sembra, insomma, che l'atteggiamento politico di Petrarca sia più facilmente caratterizzabile in negativo piuttosto che in positivo: aggiungendo però, come vari studiosi hanno fatto, che dall'insieme delle sue affermazioni e, sul piano pratico, dai suoi rapporti con i Visconti, egli appare se non come il teorico, almeno come colui che ha lucidamente preso atto dell'evoluzione in senso signorile della situazione politica italiana. Ma altre cose vanno prima capite. Per esempio, una frase nella lettera con la quale, da Genova, Petrarca prende congedo da Cola suona molto significativa. Petrarca scrive infatti: «ma perché tormentarmi? Le cose andranno come una legge eterna ha stabilito: mutarle non posso, ma posso fuggirle» (*Fam.* VII 7, 9). Questo accenno alla *fuga* ci permette infatti di entrare un poco più addentro nel pensiero di Petrarca che nella seconda delle lettere a Cicerone, *Fam.* XXIV 4, forse del 1345, accusa il remoto interlocutore di tre cose: mancanza di fermezza d'animo; non aver cercato la quiete necessaria a chi vuole fare professione di filosofo; non essere *fuggito* «quando la libertà è morta e la repubblica già sepolta e compianta». La parola-chiave, qui e là, è *fuga*: la fuga che diventa un obbligo morale quando, dinanzi al venir meno delle speranze, il filosofo deve tornare a se stesso, e riscoprire nell'isolamento dello studio la sua natura di ospite e testimone della storia, non di attore. Del resto anche nell'egloga *Divortium*, pur essa scritta allora, nel 1347, partendo da Avignone per l'Italia e lasciando il papa, protervo pastore, e sciogliendosi polemicamente dal servizio presso il cardinale Giovanni Colonna, Petrarca chiede al vecchio, intrattabile e aspro padrone di permettergli di fuggire: «tollera misericordiosamente la giusta fuga alla quale mi sento obbligato» (VIII 19). Petrarca dunque *fugge* dai vecchi legami di servitù così come *fugge* dalla trappola in cui l'impegno a favore di Cola stava per farlo cadere, e risolve così, in un colpo solo, le contraddizioni che si erano andate accumulando e avevano finito per esplodere, esemplarmente, nella crisi di quei mesi.

Il passaggio è decisivo, e mostra con chiarezza che l'intellettuale di Petrarca può e anzi deve difendersi dagli irrimediabili disastri del mondo e dai pericoli che incombono ritirandosi nello *studium*, e dunque volgendosi a ciò che davvero ci si aspetta da lui e che intimamente gli appartiene e definisce la natura della sua condizione. Lo ripeterà, del resto, e in forme particolarmente eloquenti, nella lettera a Stefano Colonna prevosto di Saint-Omer, *Fam.* XV 7, nella quale passa in rassegna la situazione politica dell'Italia e dell'Europa e a fronte di un panorama così tragico ripropone quel suo grande motivo della *fuga* del sapiente che certo non esaurisce il discorso sull'impegno in senso lato politico, ma ne costituisce un polo importante, in un modo o nell'altro sempre sottinteso: «Tu dunque, non trovando in tutto il mondo un luogo di pace e serenità, rientra nei confini della tua cameretta, e rientra in te: sii vigile nei tuoi confronti, parla con te, taci con te, passeggia con te, soffermati con te».

La doppia partita che Petrarca gioca tra l'impegno politico e lo studio (o la *fuga* nello studio, se si preferisce) è insomma costitutiva del suo essere, non un occasionale espediente della sopravvivenza. E l'intellettuale ch'egli rappresenta sarà allora testimone degli avvenimenti che lo sovrastano ma, entro quegli avvenimenti, anche e necessariamente custode di sé. Ecco allora che Petrarca, considerato comunemente come lo scopritore in senso moderno dell'io lirico, può essere forse a maggior diritto considerato l'inventore di una sorta di io politico, o meglio di una politica dell'io – della realizzazione personale e dei modi di raggiungerla in mezzo ai disastri del mondo – che per inevitabile necessità incrocia la politica vera e propria e affronta i meccanismi estranei e inevitabilmente feroci del potere. Ciò comporta, appunto, la scomparsa di ogni ipotesi organica di tipo medievale, in ultima analisi sempre riferita ad orizzonti categoriali di tipo universalistico, e l'emergere per contro del problema della felicità personale in chiave strettamente esistenziale, intimamente apolitica e spesso antipolitica: fuori dalla propria cameretta il mondo del potere è una sorta di mostro con il quale occorre imparare a convivere e magari scendere a patti, ma avendo sempre ben chiaro che lo si dovrà fare solo per difendere gli spazi della propria libertà e della propria autonomia.

Così facendo, Petrarca ci mette di fronte a una concezione per dir così 'sostanziale' del potere, che abbandona ogni pretesa di legittimazione giuridica. Soprattutto il *De remediis*, infatti, ci spiega che: *a)* all'origine di ogni potere che si presenti stabilizzato e rivestito di legittimità esiste un momento fondante basato su un atto di violenza e conquista; *b)* tale violenza, per quanto possa essere velata, resta sempre quale nucleo duro del potere stesso; *c)* il problema della legittimità del potere una volta che si sia costituito e cioè semplicemente esista, non si pone, o, di fatto, è inessenziale, tant'è che un potere illegittimo può riformare lo stato, e un potere legittimo, per esempio attraverso la degenerazione progressiva degli eredi al trono (tema sul quale Petrarca insiste, ancora nel *De remediis*), può portarlo alla rovina; *d)* il vero discrimine sta dunque nel concreto esercizio del potere – nei fini in vista dei quali sarà bene o male esercitato – e non in una qualche consacrazione di tipo giuridico e formale.

Quelle appena viste sono affermazioni importanti, che hanno un importante retroterra e obbligano a una sosta. Restiamo al punto delicato e a tutti gli effetti fondamentale della rottura attraverso la quale il nuovo s'instaura: per Petrarca si tratta di una sorta di legge naturale, di una necessità certo più forte di una circoscritta questione di legalità. Ma in maniera più specifica, circa la violenza che sarebbe all'origine di ogni formazione statale non si può non sottolineare la forte impronta agostiniana di un tema siffatto. Di là dall'ampio quadro storico tracciato in *De civitate Dei* V 12 ss., durissima è la condanna del santo della crudele serie di guerre che Roma intraprese mossa solo dalla sua *libido dominandi*, e altrettanto chiara è la differenza che corre tra la città terrena e quella celeste, e innegabile il processo di guerre attraverso le quali i grandi imperi, a cominciare da quello assiro, allargarono il loro potere. Né sarà improprio ricordare, infine, che la prima città fu fondata dal fratricida Caino, e che Roma fu fondata dal fratricida Romolo: coppia esemplare, per Agostino, della violenza che regna nella città terrena. Ma non basta, ché i giudizi di Agostino s'innestano in una visione più ampia. Per lui il dominio dell'uomo sull'uomo e dunque qualsiasi potere in quanto tale, comunque organizzato, è intimamente contrario all'ordine naturale, ed è invece l'innaturale ed esecrabile frutto della caduta del genere umano nel peccato, della quale è insieme, ambiguamente, dura punizione e parziale quanto indispensabile rimedio.

Ora, si capisce bene come una concezione siffatta si prestasse a un arco assai ampio di interpretazioni e variazioni, ché da un lato invitava a percepire il carattere fondamentalmente violento e immorale del potere, e dall'altro lo sublimava quale espressione diretta della volontà divina, sia nell'aspetto spiccatamente punitivo del tiranno che in quello riparatore e ordinatore del re. In ogni caso, tutto un importante filone del pensiero medievale sottolineava come segno e argomento della natura intimamente corrotta del potere fosse il fatto che, all'origine del mondo, solo e precisamente i *reprobi* avessero instaurato rapporti di dominio su altri uomini, secondo l'assioma che la tirannide ha preceduto nella storia del mondo il governo giusto: *prius tamen fuit tyrannus quam rex*. Ma anche per Petrarca non c'è dubbio che *prius tamen fuit tyrannus quam rex*, e, su un piano più generale, ascendenze agostiniane e spunti di quella parte della tradizione giuridica interessata a mettere in discussione i fondamenti del potere laico finivano in lui per fondersi in una concezione fortemente pessimistica circa l'origine e la legittimità morale del potere. In questa luce e su questo sfondo l'affermazione contenuta nel *De remediis* I 96, 2, sul tiranno come possibile male minore rispetto a un re legittimo ma inetto o malvagio acquista tutto il rilievo che merita, perché suona come il superamento di una prospettiva strettamente formale e giuridica, e affronta con spregiudicatezza il nodo relativo ai modi con i quali il potere politico s'instaura e rompe con violenza vecchi equilibri e strutture.

2. TUTTO NASCE DALLA LOTTA

In questa luce, le scelte di vita petrarchesche appaiono intimamente connesse al suo modo di pensare il potere, derivando insieme da quel fondo di pessimismo storico di matrice agostiniana di cui si diceva, unito all'esatta percezione del presente e di ciò che esso richiede. E c'è un elemento diverso, quasi un ingrediente, che colora di sé quel pessimismo, quello che balza con tanta forza dalle prime righe di un testo bellissimo e decisivo per capire Petrarca, la prefazione al secondo libro del *De remediis* dedicata a commentare il detto che più di ogni altro, dice Petrarca, egli ha accolto e tenacemente fatto proprio, quello di Eraclito secondo il quale ogni cosa al mondo è il risultato di una guerra: *Omnia secundum lite fieri*.

Tutto è in perpetua guerra, dunque, nell'universo, dalle cose agli animali all'uomo, e Petrarca lo dimostra in un lungo pezzo di appassionata bravura. Alla guerra vera, quella tra uomini, non è dato molto spazio e semmai incombe dal fondo, ma il poco che se ne dice a proposito delle guerre dei Romani, è sufficiente a ribaltare quella mitologia della romanità che pure Petrarca ha sin qui pazientemente costruito e continuerà a costruire sino all'ultimo. L'edificio resta maestoso, ma le sue parole l'aggrediscono alle spalle, ne illuminano di colpo le fondamenta con un lampo di tragica sincerità. Ma i romani, infine, non sono accusati di nulla: di nulla che non sia comune e inevitabile. Inevitabile, proprio perché non ha alcuna alternativa, né reale né ideale. Non c'è qui neppure una traccia di un prima, e cioè dell'armonioso ordine naturale – lo *ius naturale* – che il peccato ha corrotto aprendo la via allo *ius humanum* con le sue crudeltà, durezze e imperfezioni. Dietro la guerra perenne che anima ogni particella del creato non ci sono *altri* spazi: per la verità, non c'è neppure un *dietro*, un mito originario, una perduta età dell'oro, un deposito metatemporale di valori ecc. Le cose sono quelle che sono, schiacciate nell'unica dimensione del loro accadere che non è altra, alla fin fine, che quella del loro dilaniarsi a vicenda. E se un principio d'ordine e di pace esiste, esso sta solo nella coscienza del saggio, come sua personale e difficile ma in qualche modo altrettanto obbligata e inevitabile conquista interiore. In questo quadro, la vecchia massima anche di Agostino secondo la quale niente che sia stato prodotto dalla violenza può durare, si trasforma nell'altra: poiché l'universale legge della vita è la guerra e non esiste nulla che non sia frutto di un atto di violenza, niente è davvero stabile, e tanto meno ciò per cui soprattutto si combatte, il potere. E in ciò sta evidentemente anche il limite morale intrinseco al suo cuore violento: alla tirannide, appunto. La quale in maniera cruenta si conquista e si perde, ma è volta per volta tanto instabile quanto sono invece universalmente pervasive le strutture del potere che continuamente si rigenerano e nelle quali essa si installa e vive.

Rispondendo nel 1355 con l'invettiva *Contra quendam magni status hominem sed nullius scientie aut virtutis* a Jean di Caraman, che lo aveva accusato di abitare presso tiranni come i Visconti, Petrarca scrive che la violenza del potere è dappertutto, e il potere senza violenza non è da nessuna parte. Là dove il popolo si proclama nemico dei tiranni, infatti, sono in tanti a tiranneggiare (con conferma, dunque, della polemica antifiorentina), e la fuga, arma tipica dell'intellettuale, come abbiamo visto, non è a rigore possibile. Come ormai tanti acuti lettori di Petrarca ci hanno spiegato, il compromesso è per lui necessario, e ciò che diventa davvero decisivo è l'intuito che guidi alla scelta della controparte giusta, e la forza e l'autorevolezza che impongano quello che Michele Feo ha definito un «onesto mercato», come del resto Petrarca stesso spiega in maniera chiara e, alla fin fine, assolutamente credibile. I giovani Visconti, almeno con lui e per il momento, non sono tiranni, ed egli non ne trae che vantaggi. Ma egli sottolinea anche la provvisorietà del patto che sta alla base del suo rapporto con i Visconti: una provvisorietà che non è affatto sbandierata come abile mossa di autodifesa, ma che è davvero intrinseca alla natura contraddittoria del rapporto stesso, affidato, con sottile, splendido ossimoro, alla *stabilis licentia* dei padroni (come tradurre? 'i padroni la cui volontà capricciosa è un tratto costante'?). A una tale provvisorietà corrisponde poi, sottilmente, l'altra, quella del poeta, che parla della sua situazione personalmente buona, certo, ma sospesa, che nel momento stesso nel quale viene descritta richiama non già le solide basi della sua permanenza, ma le malcerte della sua precarietà. E se le cose stanno così, in un mondo in cui *omnia secundum litem fiunt*, solo un'altra cosa ci si può augurare: che nulla intervenga a insidiare l'ordine dato e a generare inevitabilmente altre guerre. Lo spiega bene *Ratio* nel *De remediis*, I 116, *De speratu principis adventu*, con parole assai importanti (ma certo non isolate, in Petrarca), perché ciò che era predicato della sua persona è qui proiettato sull'intera società, che non ha, in essenza, problemi diversi da quelli dell'intellettuale e che ha pur bisogno, anch'essa, nel suo complesso, di godere di un patto di sospensione, dell'«onesto mercato» che le permetta di vivere. Al proposito, Franco Gaeta scrive: «Non c'è dunque un potere unitario da ricostituire, ma un equilibrio di poteri da conservare, eliminando le fazioni che si presentano come minaccia alla pace pubblica e contenendo le spinte sopraffattrici: lo Stato signorile è garanzia di quella eliminazione e all'intellettuale spetta il compito di suggerire la pace».

Giustissimo: ed è a partire di qui che si può comprendere meglio come ci sia un forte quoziente di moralità squisitamente politica da parte di Petrarca nell'invocare, nella particolare situazione italiana, la pace, e nel condannare con una durezza che ad alcuni è parsa eccessiva la spirale continua di congiure e ribellioni e moti che aveva caratterizzato e tuttavia caratterizzava l'inquieta vita delle città italiane. Ed è facile coglierlo alla prova, in occasione della resistenza pavese contro i Visconti guidata dal frate eremitano Iacopo Bussolari. La *Fam.* XIX 18 (del marzo 1359) che Petrarca diresse allora al frate esortandolo alla resa gli è stata più volte imputata come vergognosa testimonianza del suo personale asservimento ai signori di Milano, e in forza del diffuso preconcetto filocomunale tipico della nostra vecchia storiografia se n'è fatto una sorta di modello esemplare del cinismo e della disponibilità dell'intellettuale. Ora, è probabile che non ci sia nulla di tutto ciò, e nulla, soprattutto, che non sia perfettamente coerente con le più profonde convinzioni di Petrarca, che insistono su due pilastri essenziali: da un lato l'esigenza di pace, e dall'altro la considerazione realistica dell'esito del tutto prevedibile – un bagno di sangue – di una ribellione come quella diretta dal Bussolari, destinata a peggiorare, non a migliorare le condizioni della popolazione: unica condizione, questa, capace di legittimare, secondo san Tommaso, la ribellione all'autorità costituita.

Petrarca dunque bandisce dal suo discorso, come al solito, ogni formalismo giuridico, ma si rifà pur sempre alla sostanza di un principio elevato a norma di legge e lo mette alla prova dei fatti. Il nodo, insomma, è sempre lo stesso: che cosa è la politica se non l'arte di interrompere, nei limiti del possibile, ogni volta ch'è possibile, la catena di quella guerra universale alla quale la società umana dà un così tragico contributo? che cosa è se non l'arte di costruire e mantenere ad ogni costo spazi di pace? In caso contrario, la politica perderebbe il suo nome, e si rivelerebbe nient'altro che il cedimento al peggio, l'immersione nel caos e nella delittuosa barbarie della guerra che l'intellettuale, nella sua qualità di ospite e testimone consapevole, vede e aborre prima di altri. Su questi punti, Petrarca è assolutamente coerente e credibile (per caratterizzarne l'atteggiamento, Sestan ha definito quello di Petrarca come «una sorta di irenismo erasmiano *ante litteram*»), e il quadro non muta se si analizza, come qui non si può fare, la sua concreta attività politico-diplomatica, o i moltissimi testi che restano da considerare, sino al sin qui trascurato *De gestis Cesaris*, che rappresenta l'ultimo approdo del Petrarca politico e storico.

Insomma, il fondo agostiniano di Petrarca e l'esperienza del potere di cui era ospite non gli lasciavano troppe illusioni sulla possibilità di un discorso sulle eventuali radici etiche del potere, sempre acquisito con la violenza e, sotto il velo della giustizia, dalla violenza sempre puntellato. Né poteva avere illusioni circa una sua utopica scomparsa dal mondo. Egli lo vede, dunque, e lo giustifica come male minore rispetto alle disastrose condizioni di miseria e anarchia che poteva avere sotto gli occhi, e rispetto alla ferocia della guerra che travaglia il mondo e ne costituisce la più evidente e forte delle manifestazioni vitali. Ma come male minore il potere non può essere giudicato di per sé, ma solo in relazione a qualcosa d'altro: nei fatti, alla sua consapevole gestione e ai suoi fini. Che possono essere, ora sì, quelli di creare per la via omeopatica della violenza le condizioni affinché sia esercitata qualche forma di giustizia e perché sia concesso di rendere un omaggio non del tutto astratto ai principi dell'etica. Ecco, in questo capovolgimento, o se si preferisce in questo nuovo punto di attacco rispetto alla circolarità immanente dei principi, sta il significato della posizione di Petrarca. Non esiste alcun assoluto etico che presieda alla nascita dello stato e ne giustifichi la continuità, ma è piuttosto lo stato, per quanto violento e imperfetto, che può garantire con la sua azione e fors'anche con la sua sola esistenza un sia pur minimo spazio etico, quello che ai suoi occhi si compendia in una parola: *pace*. Pace, dunque, ad ogni costo. Pace non come prodotto di un'istanza assoluta di morale e giustizia, ma semmai l'opposto, come scelta rimessa in mani umane, quanto mai equilibristica e minacciata, di salvaguardare entro il turbine della 'lite universale' il piccolo campo ove seminare con qualche speranza di crescita i semi della morale e della giustizia, affinché, ancora una volta dopo Roma, la violenza possa almeno avere un senso, e la vita ricominci a essere vivibile.

3. LA *TRANSLATIO STUDII* E L'UMANESIMO

Sono in verità molti gli elementi che dovrebbero essere presi in considerazione, quando si voglia dare un'immagine sufficiente di Petrarca quale grande intellettuale. Il più comprensivo, forse, è quello della *translatio*, cioè del passaggio del sapere antico, greco e romano, entro il mondo moderno, e specificamente entro il mondo cristiano. Detto nel modo più semplice possibile, questo della *translatio* è diventato assai presto il nodo attorno al quale s'ingorga tanta parte della cultura dei secoli di mezzo e che l'Occidente *deve* assolutamente sciogliere (ha scritto Santo Mazzarino che il «problema della fine del mondo antico» era diventato «un problema di *translatio*», quella *translatio* che la Chiesa, appunto, non volle, o gravò di troppe ipoteche), e un nodo, occorre subito aggiungere, che solo Petrarca è riuscito a sciogliere, aprendo in tal modo la via all'Umanesimo e al Rinascimento, che possono appunto essere intese come le stagioni culturali attraverso le quali quel sapere è interamente rifluito entro le vene dell'Occidente.

La prima tentazione, alla quale è bene cedere subito, è quella di citarne le famose parole, nel paragrafo dedicato a Plinio il Vecchio nei relativamente giovanili (1343-1345) *Rerum memorandarum libri*, I 19:

> Ma per quanti autori illustri dell'antichità io ricordo, altrettanti sono i rossori e le infamie di chi venne dopo loro. Non contenti della vergogna di non produrre nulla, lasciarono con intollerabile negligenza che andassero perduti i frutti dell'altrui ingegno e i libri degli antenati composti a prezzo di studio e di veglie; nulla di proprio dettero alla posterità, e le tolsero l'eredità degli avi [...] Le mie lamentele su questo argomento non le ho fatte per sminuire l'attività culturale delle genti che verranno dopo, ma piuttosto per sfogare il mio disappunto e per deplorare la sonnolenza e il torpore di un'epoca che morbosamente s'interessa a cose inutili, mentre delle nobili affatto non si cura. Negli antichi non riesco a trovare alcuna deplorazione come questa; e certo perché non v'era una simile iattura; mentre presso i nostri discendenti, se le cose vanno come penso io, non sarebbe arrivato alcun sentore né alcuna notizia. E così intatta la cultura per gli uni, del tutto ignorato il danno per gli altri, nessuno avrebbe avuto di che lamentarsi. Ma io, che ho di che dolermi e che non ho il beneficio di ignorare la verità, mi trovo come sul confine di due popoli e posso guardare contemporaneamente innanzi e dietro; ed ai posteri ho voluto rivolgere questa deplorazione che nei padri non ho trovata.

Ci sono voluti mille anni, più o meno, ma dopo tanto parlare di *translatio* solo qui, finalmente, abbiamo il manifesto nel quale la si riconosce per quello che essa è, o meglio: per quello che *non è stata*; se ne invoca l'urgente e oggettiva necessità, e si confessa la soggettiva disposizione d'animo che rende dolorosa e intollerabile quella posizione «in confinio duorum populorum». L'equivoco di una *translatio* che avrebbe già ripetutamente trionfato senza che se ne fosse denunciata e sofferta la mancanza, e dunque senza essere mai stata davvero voluta, si è dissolto. Ora essa è lì, perfettamente definita nei suoi tratti essenziali e negli adempimenti che da questo momento comincia a esigere: e Petrarca è l'intellettuale che ha messo a fuoco la questione e che, entro l'orizzonte europeo, è stato capace di agire di conseguenza. Tutto Petrarca, insomma, può ben essere letto alla luce di una programmatica volontà di *translatio* che irrompe nel quadro culturale d'Europa e lo sovverte e lo rinnova, e il successo dell'operazione mostra come meglio non si potrebbe l'incerta sostanza e l'equivoca ideologia che aveva sin lì regolato i conti con l'eredità classica.

Come Petrarca sia riuscito a tanto è certo difficile da spiegare, ma si può almeno tentare di racchiuderlo in una formula semplice. Alla base sta certamente la sua visione etica che presuppone la comunione degli uomini di tutti i tempi e di tutti i luoghi non già attraverso una materiale quantità di nozioni, ma piuttosto attraverso la comune esperienza esistenziale dell'infelicità e dell'insufficienza di ogni possibile sapere. Tale visione permette infatti l'apertura pressoché illimitata al patrimonio della sapienza antica, la porta a noi come qualcosa che non ha mai smesso di appartenerci e ne fa un possesso per sempre.

La morte di Magone costituisce probabilmente, come s'è detto, il passo più famoso dell'*Africa* (VI 885-918), e famosa è anche la risposta che Petrarca diede nella prima lettera del libro II delle *Seniles* a certi critici che avevano osservato come le parole del cartaginese meglio sarebbero state in bocca a un cristiano piuttosto che a un pagano. Ma che c'è in quelle parole – ribatte Petrarca – che debba dirsi tipico solo dei cristiani e non invece di tutti gli uomini e di tutte le genti? Di tutti è l'ingegno naturale e la ragione, e di tutti, in punto di morte, è la capacità di rileggere la propria vita e di riconoscere i propri errori e di pentirsene. Nel momento della morte, tutti gli uomini sono uguali in ciò che di generalmente umano ha la loro infelicità e la loro miseria dinanzi al mistero, e nei modi di esprimerle. Del resto, ci sono pagine e pagine in Platone e Cicerone (Cicerone che egli altrove definisce 'quasi' un apostolo) sugli errori dell'uomo, sul disprezzo per la vita terrena e il desiderio di quella celeste, che si potrebbero attribuire a sant'Ambrogio o a sant'Agostino.

Commentando questa lettera, Guido Martellotti ha scritto che Petrarca, nella sua risposta, «chiariva l'essenza stessa del suo umanesimo e, si potrebbe dire, dell'umanesimo senz'altro», e che la possibile e desiderata conciliazione tra il paganesimo e il cristianesimo avveniva in lui «in nome d'una fondamentale uguaglianza dell'animo umano. Sicché il cristianesimo stesso appariva non solo come la vera e unica religione, ma anche come quella che più rispondeva a necessità e aspirazioni umane, ugualmente sentite in luoghi e tempi diversi». Non si poteva dire con maggiore semplicità: davvero la «fondamentale uguaglianza dell'animo umano» è la grande base sulla quale Petrarca può costruire l'intero edificio della sua opera, ed è la chiave per il recupero dell'antico alla quale egli dà forma e consegna all'età dell'Umanesimo e del Rinascimento. In particolare, già ne è definita con chiarezza quella specifica tendenza del platonismo rinascimentale a riconoscere l'esistenza di un'unica, onnicomprensiva, universale verità alla quale ogni dottrina umana, quali che siano i suoi limiti, partecipa, nel momento stesso in cui il cristianesimo è riconosciuto come religione assoluta rispetto alla quale le intuizioni ultime del pensiero pagano già suonano come *naturaliter* cristiane. La sapienza antica, insomma, ha nella Rivelazione il suo centro di gravità, quasi in virtù della sua stessa inerzia, del suo *pondus* (con termine agostiniano), finendo di dimostrare come la sua testimonianza abbia un valore incomparabile proprio perché giunge dall'esterno: addirittura una testimonianza decisiva, per Petrarca, dato che quella sapienza diventa interamente leggibile e dà i suoi frutti migliori proprio nel quadro di quell'antropologia cristiana che ne rappresenta l'intima verità.

Per inciso: si è discusso e si discute se l'attività storiografica di Petrarca esca o meno dalle categorie della cronachistica medievale e dai suoi criteri di esemplarità. Si giudichi come si vuole: resta certo, però, che è stato proprio Petrarca ad aprire la porta alla concezione moderna della storia (si vorrebbe dire, alla sua possibilità), perché ha imposto come indiscutibile il fatto, per dirla grossolanamente, che gli antichi sarebbero stati *come noi*, ed ha caricato questo riconoscimento di un incomparabile dinamismo, fondando su di esso la garanzia della loro comprensibilità, e quella della trasmissibilità di linguaggi e valori dal mondo antico al moderno. Questa è la tesi di fondo energicamente riassunta, soprattutto, nel *De ignorantia*, ove proprio questo riconoscimento permette a Petrarca di unificare e trattare il campo del sapere come un tutto organico, e di contrapporlo in quanto tale, come 'totalità storica dell'umano', allo scientismo specialistico dei suoi avversari.

Facciamo un passo indietro, alle vicende della *translatio*. Anche per Petrarca Parigi è stata una capitale del sapere, ma in senso affatto negativo: è stata infatti la capitale del «pazzo e litigioso volgo degli scolastici», e cioè del detestabile sapere di tipo dialettico e sillogistico contro il quale egli, «in confinio duorum populorum», ha instancabilmente contrapposto la necessità della *translatio*, e cioè del ritorno al dimenticato patrimonio della cultura classica, finalmente inteso nella sua vera e sempre attuale essenza. Del resto, si veda ancora nel *De ignorantia* la condanna della litigiosa Parigi e della sua petulante Università, metonimicamente designata attraverso il dantesco «vico degli Strami» (*Par.* X 137); si veda nella *Senile* IX 1, a Urbano V, del 1368, l'ampio confronto tra la cultura francese e quella italiana ove dalla parte di quella stanno le rumorose chiacchiere dei dialettici dell'Università, e dalla parte di questa la *latinitas*; si legga come, nel *Contra eum*, i filosofi disputanti presso le arcate del Petit Pont si trasformino in un'accolita di donnicciole e ragazzi occupati ad esaltare se stessi e a diffamare l'Italia.

Quanto è stato scritto, specie nel corso del Duecento, della Parigi *parens* e *fons scientiarum*, e reincarnazione della biblica Cariath Sefer, è di colpo ribaltato con un gesto la cui plurima oltranza polemica e addirittura eversiva non è stata forse percepita sino in fondo. Petrarca, infatti, attacca contemporaneamente su due fronti, perché da un lato contesta il valore di quel sapere scolastico del quale l'Università di Parigi era il monumento, ma irrompe pure in un campo che sino a poco tempo prima (è opportuno ricordarlo) era stato dominato dall'iniziativa politica, culturale e giuridica dei 'regalisti' francesi, i quali alla doppia guerra contro l'universalismo imperiale e quello papale avevano accompagnato una parallela opera di costruzione di una forte e articolata ideologia nazional-monarchica – la stessa che, su altro piano, già aveva suscitato l'irriducibile opposizione di Dante. Sì che, a differenza di come talvolta la si pensa, l'iniziativa di Petrarca è diretta contro un sistema tutto francese già ampiamente collaudato, che con qualche schizofrenia rivendicava per sé e però insieme tendeva a emarginare una possibile continuità romana, non negandola ma risolvendola interamente entro la centralità prima carolingia e poi capetingia.

Petrarca coglie lucidamente i termini di una siffatta schizofrenia, ancora evidente, per esempio, nelle simpatie francesi, tutte leggibili in chiave antiromana, per la figura di Alessandro Magno, e contesta alla radice le valenze culturali e in senso lato civilizzatrici di quella pretesa centralità. Né si tratta, in lui, di una battaglia circoscritta o peggio episodica. Tutt'altro. Le frasi sopra citate non sono che le punte evidenti di un *continuum* ch'è tutto suo e che lo caratterizza, per quanto qui c'interessa, come il solitario e però vittorioso campione di una *translatio* che gli appare, a quel punto, ancora irrealizzata e però indifferibile. Non si tratta dunque di andare in cerca di citazioni: senza esagerazione, ogni scritto di Petrarca sta dentro questo orizzonte, dalle opere romane della prima maturità alle polemiche della vecchiaia. Potremmo dire, allora, che Petrarca è colui che si inserisce nel vuoto lasciato dal crollo degli universalismi medievali e profittando dell'evidente e plurima crisi nella quale la Francia è precipitata con la fine della dinastia capetingia e il rovinoso inizio della guerra dei cent'anni, ne affonda le pretese egemoniche, ne scardina l'asse culturale di riferimento medieval-carolingio e inventa, in suo luogo, il nuovo assoluto culturale europeo: la *translatio* umanistico-rinascimentale e la sua trascendente italianità. In effetti, la lunga crisi francese è essenziale per collocare l'altrettanto lunga e paziente iniziativa di Petrarca, il quale non ha dinanzi a sé, come Dante, un regno al culmine di una lunga progressione positiva, ma al contrario un regno che dopo la morte di Filippo il Bello, nel 1314, entra in una spirale negativa, ed è poi impoverito dalla peste, lacerato dalle *jacqueries*, devastato dalla guerra, sconfitto militarmente (Crécy è del 1347, e Poitiers del 1356: alle due sconfitte è dedicata, non a caso, la dodicesima e ultima egloga del *Bucolicum carmen*, *Conflictatio*) e in piena recessione territoriale.

Di più, c'è un fatto preciso che ci aiuta a capire in quale prospettiva Petrarca potesse percepire i destini del regno di Francia. Fatto prigioniero a Poitiers, il re Giovanni il Buono non è neppure in grado di pagare la prima rata del proprio riscatto agli inglesi, che intanto hanno riottenuto i territori compresi tra la Loira e i Pirenei, e sono i Visconti, nel 1360, a pagarla per lui. Gli stessi Visconti, poi, alla fine dell'anno mandano Petrarca come loro ambasciatore a Parigi a congratularsi con il re, quando gli inglesi lo rilasciano (ma poi dovrà riconsegnarsi a loro, e morirà prigioniero a Londra, nel 1364) e il poeta attraversa allora una Francia irriconoscibile, ridotta in cenere da ricchissima che era (*Sen.* X 2: ma si veda anche la prima parte della *Fam.* XXII 14). Ma la sconfitta militare e il disastro politico ed economico non vanno da soli. Anche il primato culturale è ormai un ricordo, e si dovrà aspettare la metà del Quattrocento e oltre perché la Francia possa cominciare a rilanciare la propria egemonia, e Petrarca è spettatore troppo lucido per non cogliere i segni di questa debolezza e farsene testimone. E lo fa proprio nell'orazione allora tenuta a corte, alla presenza del re, quando immediatamente premette di parlare in latino poiché «non so e non riesco facilmente a imparare il francese» («linguam gallicam nec scio, nec facile possum scire»). Si tratta, evidentemente, di un'aperta e quasi provocatoria menzogna che intende sottolineare la distanza che divide il mondo culturale dell'oratore italiano e romano da quello municipale e subalterno del re francese. A Parigi, insomma, non è mai arrivata quella *translatio* delle arti e dei saperi che Petrarca ostensibilmente maneggia come cosa tutta sua.

Ma le maneggia, quelle arti e quei saperi, sullo sfondo di un'Italia divisa e tormentata nella quale lo stato regionale dei Visconti poteva apparire come la realtà più ampia e solida, e sullo sfondo di un'Europa in cerca di ricomposizioni territoriali e identità nazionali che si stavano rivelando ancora incerte e difficili. In questa situazione, l'iniziativa assolutamente geniale – politicamente geniale, prima di tutto – di dar corpo a una *renovatio* per dir così transpolitica, che prevedeva la formazione di una *societas* di intellettuali tendenzialmente disancorata da condizionamenti e compromessi con i poteri locali, non poteva non avere successo, tanto più che tale iniziativa era condotta con una consapevolezza e una capacità realizzatrice perfettamente adeguate allo scopo. Insomma, la mancanza di una diretta sponda politica si è trasformata nell'ingrediente più importante del successo del progetto, e ne ha liberato le potenzialità. La grande proposta della *mise au jour* di un retroterra fondante e invero essenziale per un'idea di civiltà che si rifacesse ai modelli della romanità e avesse al proprio centro una corrispondente idea dell'Italia che a sua volta anticipasse le attese e i bisogni della nascente Europa, ebbene, tutto ciò scavalcava in un sol colpo i mille problemi di un *puzzle* politico tanto complicato quanto al momento irrisolvibile, e affrontava per la prima volta l'ordine vero della *translatio*. In altri termini, potremmo ben ripetere che Petrarca appare come l'unico che veramente ha capito che cosa tale *translatio* significasse e quale somma di adempimenti comportasse, e ha dedicato la vita a metterla in atto. Così, si deve a lui se nell'immaginario collettivo, non importa quanto semplificatorio e grossolano, il Rinascimento italiano è apparso a lungo e forse tuttavia appare come il terzo momento forte della nostra civiltà occidentale, dopo la Grecia e dopo Roma.

Il suo lavoro è stato naturalmente enorme e, al suo tempo, senza paragoni possibili. Ne danno testimonianza, tra l'altro, tutte le opere antiche che egli ha letto, che ha corretto, interpretato e postillato, e che ha rimesso in circolazione attraverso le sue opere latine e i suoi scambi epistolari. Ma anche ciò che non ha conosciuto ne dà testimonianza. Petrarca non ha mai imparato il greco, eppure possedeva e venerava un grosso codice delle opere di Platone (Parigino greco 1807, il cod. A dei moderni editori) nonostante il contenuto gli restasse inaccessibile, e la sua conoscenza del filosofo si limitasse al *Timeo* nella traduzione di Calcidio. Ma a dispetto di ciò, in virtù di una straordinaria intuizione culturale maturata a partire dai testi di sant'Agostino, egli ha condotto un'altra delle sue lunghe e vittoriose battaglie per ridimensionare l'autorità sin lì incontrastata di Aristotele, e per sostituirla con quella di Platone (a questo scopo è dedicato il suo *De ignorantia*, che nel Quattrocento sarà letto e postillato dal Cusano), imponendo all'Umanesimo, come ha scritto Cassirer, la grande scelta tra i due filosofi, e spalancando dunque la porta al gran movimento del platonismo rinascimentale.

Tutta la materiale fatica della *translatio*, tuttavia, e tutto l'impegno che potremmo compendiosamente definire come filologico e storico, non basta. Petrarca ripropone il sapere antico con tanta convinzione ed efficacia perché non è mosso solo da esigenze intellettuali, ma perché sa riattualizzare il modello che l'antichità propone alla società del suo tempo attraverso una potente e profonda spinta di natura esistenziale. Egli non finisce mai di riconoscersi nelle domande, nei tormenti, nelle speranze, negli affetti e insomma nella 'scienza della vita' dei grandi poeti e moralisti antichi, nei quali ritrovava con sempre rinnovata emozione lo specchio migliore attraverso il quale conoscere se stesso e il proprio intimo *ethos*. Così, è proprio in nome di questa conclamata continuità dell'esperienza umana che il presente può e deve tornare al passato, e trasformarne il sapere in possesso per sempre: ed è per questa via, per esempio, che riusciamo a intendere quella singolare e simbiotica intimità di Petrarca con Seneca, e che, avanzando lungo questa traccia e leggendo Erasmo (come ha ben spiegato Rico, nel suo *Sogno dell'Umanesimo*) e Montaigne, pur così diverso, continuamente ritroviamo, quasi a contropelo, Petrarca. Lo ritroviamo nei molti luoghi degli *Essais* nei quali si esaltano gli antichi spiriti, tanto superiori ai moderni, e il nutritivo colloquio con loro, e Roma, la più nobile delle città che furono e saranno (della quale Montaigne è orgoglioso d'essere stato nominato cittadino: quasi una replica dell'incoronazione petrarchesca!). E ancora dove Montaigne ripete il famoso paragone con le api, a proposito dell'imitazione creatrice (*Fam.* XXIII 19; *Essais* I 26), e soprattutto là dove sembra di risentire le sentenze e le parole medesime del *De ignorantia*, sulla naturale superiorità dell'essere buoni rispetto all'essere dotti, e sull'inutilità di conoscere la declinazione della parola 'virtù' quando non la si sa mettere in pratica. Queste parole vanno infatti lette, in Montaigne, non come una banale apologia della bontà illetterata, ma piuttosto come la conferma di quella linea di appropriazione sostanziale del messaggio morale degli antichi che Petrarca già duecento anni prima ha rivendicato a sé, quale suo compito epocale.

4. *TRANSLATIO STUDII* E CRISI POLITICA

La vittoria relativamente facile della *translatio* petrarchesca nelle sue istanze propriamente umanistiche e civilizzatrici è stata favorita dalla distanza, dall'intatto prestigio e dall'universalità dei punti di riferimento ai quali si rifaceva, certo non sminuiti dall'appello polemico e tutto ideale alla prossima resurrezione della sepolta *romanitas* italiana. E ciò comportava pure un'inedita riflessione sul tempo e sulla profondità dei suoi cicli, e imponeva una capacità nuova di astrazione e concentrazione intellettuale che finiva per sacrificare a una pervasiva nozione di classicismo la dimensione nazionale e concretamente sociale, per non dire proprio popolare, della cultura e del linguaggio. Ma quel sacrificio, che per la sua parte e per quanto era possibile ha colpito anche Dante, sul lungo periodo ha assunto valenze diverse e persino opposte.

Il disancoramento politico, infatti, e l'universalismo culturale che in quella congiuntura è stato una delle condizioni essenziali del successo dell'operazione di Petrarca, portava in sé anche le ragioni della sua trasformazione, inizialmente nascoste entro l'equivoco della sua virtuale italianità. Era in effetti del tutto naturale che dopo aver nutrito e per dir così posto le basi unitarie della cultura europea ed essersi rivolto ed aver associato a sé le sue élite intellettuali, tale progetto tornasse ad innervarsi nelle singole unità nazionali, trovasse le sue reali controparti politiche e sociali, e cominciasse a procedere e infine a trasformarsi per vie proprie. Ma ciò è avvenuto altrove, in Spagna e in Francia. Qui in particolare, nel corso del Cinquecento, la recentissima e tuttavia operante eredità del Rinascimento italiano è stata storicizzata e riportata entro lo schema fondamentale dello sviluppo proprio, ancorato a radici proprie, riscoprendo e aggiornando il discorso che Hesdin faceva già duecento anni prima. La Francia torna allora a riproporsi quale terminale europeo della *translatio*, e mentre prepotentemente si afferma come l'erede naturale del meraviglioso stile italiano, comincia a chiudere o limitare all'essenziale l'attraversamento della parentesi petrarchista, e riprende in mano, per contro, il filo della propria identità nazionale (è interessante ed anche un filo paradossale come proprio in questa chiave i polemici petrarchisti francesi della prima metà del Cinquecento tornino ad esaltare il *Roman de la rose*): essa ritrova, insomma, di là dalla lunga parentesi, i propri buoni tempi antichi, e inverando il presente nel passato recupera per intero la propria storia. Ma ciò è esattamente quello che l'Italia non ha potuto fare, perché il ritorno a Roma e alla sua eredità, privo di qualsiasi sviluppo nella concreta dimensione storico-politica, si è trasformato inevitabilmente, anche *à rebours*, in un auspicio culturale, per quanto appassionato e sincero; è rimasto un ideale elitario che ha dato forma a un'identità altrettanto ideale ed altrettanto elitaria, confinata nella sfera sublimata dell'arte e della letteratura, e in quella, drammatica, della riflessione e consapevolezza storica. Con momenti di intima tensione. Due sono i petrarchismi, infatti, che per un momento occupano la scena nei primi decenni del Cinquecento italiano: quello di Machiavelli, nel quale risuona ancora la forza di quell'auspicio nell'originaria e potente genericità del suo appello a una *translatio* in chiave nazionale e politica, e quello letterario di Bembo, normativo e istituzionale. Ma il petrarchismo di Machiavelli è quello che, sullo sfondo del collasso del sistema italiano, ha perduto, da sempre. Il petrarchismo di Bembo è quello che, in quel collasso, ha vinto.

5. UN NUOVO SENTIMENTO DEL TEMPO: SOGGETTIVITÀ ED ESPERIENZA

Quanto è detto sin qui suggerisce alcune coordinate generali, relative alla definizione in senso lato culturale della posizione di Petrarca, e al suo ruolo entro la storia dell'Occidente. Volendo collegare i due piani nel segno della novità, potremmo dire che l'atteggiamento realistico e con forti venature pessimistiche nei confronti del potere si sottrae a visioni totalizzanti, e che, d'altra parte, il suo nucleo positivo e la sua possibile valenza utopica – la pace ad ogni costo – ben corrisponde alla necessità di definire lo spazio entro il quale l'intellettuale può assolvere alla funzione sua propria, ch'è quella di rivendicare la continuità dei valori già espressi dall'antica Roma e di riattualizzarne, nel presente, il modello. Che non è un modello direttamente politico (Petrarca, s'è detto, tramite la creazione di Scipione e della Roma repubblicana, lo libera dal secolare peso delle sue ipoteche imperiali e, schizofrenicamente, tedesche), ma appunto etico e culturale, fondato su due idee assolutamente centrali: la prima, che quel patrimonio di valori ha disegnato una volta per tutte i confini dell'umano e i percorsi della sua continuità e riconoscibilità, oltre i quali la storia recente non ha saputo produrre che devianze e decadenze; la seconda, che l'essenza del cristianesimo non sta in alcun modo nella sua pretesa radicale alterità, ma, al contrario, nella sua capacità di accogliere per intero quel lascito e di collocarlo senza contraddizioni nella prospettiva ultima della trascendenza.

Naturalmente entro quelle coordinate stanno molte altre cose, che mostrano più da vicino quali articolazioni particolari diano corpo al panorama generale. In maniera necessariamente sommaria, vediamo di elencarne almeno qualcuna. Per cominciare, un elemento importante entro il nesso che in Petrarca lega e insieme oppone il pensiero antico al cristianesimo è costituito dalla concezione del tempo, che già è apparsa come quella che ne caratterizza più a fondo l'opera. Tale è la tesi del vecchio ma tuttavia vitale libro su Petrarca di Umberto Bosco (la prima edizione è del 1946), che sottolinea con efficacia come il 'senso della labilità' sia una sorta di filo che ne percorre e unifica tutte le opere, le latine come le volgari. Ed è davvero così, e meglio lo si vedrà trattando, appunto, del *Canzoniere* e dei *Trionfi*. Ciò, tuttavia, non ha la sua radice in una squisita sensibilità di tipo irrazionale, ma riposa su una visione alquanto più complessa che Petrarca riesce ad ancorare ad alcuni forti momenti di pensiero. Nel *De ignorantia*, sulla traccia di sant'Agostino (soprattutto delle sue famose pagine sul tempo, nel libro undicesimo delle *Confessiones*), egli sviluppa con ampiezza la polemica contro la tesi, risorta con forza in ambito scientifico nel corso del secolo precedente, circa l'eternità del mondo e dei suoi cicli ch'era propria del paganesimo e cardine, in ispecie, del sistema aristotelico, ed era stata denunciata, specialmente da san Bonaventura, come il vero discrimine tra pagani e cristiani. Ebbene, la visione cristiana e lineare del tempo univocamente orientato e chiuso tra l'alfa della creazione e l'omega della fine del mondo trova in Petrarca il suo primo grande interprete che ne verifica e ne traduce la verità generale entro la propria minuziosa esperienza esistenziale. Si può dire addirittura che la grandezza e l'insuperata modernità della sua esperienza lirica stia proprio nella capacità di interpretare la nuova e per più aspetti sconvolgente nozione o, a dir meglio, sentimento del tempo. Egli ha infatti dato forma e *pathos* affatto dirompente all'idea del tempo come qualcosa che è definito e definibile solo ed essenzialmente nei termini di un processo di autoconsumazione destinato a concludersi, e della vita come il processo proprio della morte. Il tempo non è più quello eterno della materia primordiale che ne era padrona e custode, ma quello di un'universale consumazione che si ripercuote all'indietro e incessantemente si realizza *qui e ora*, segmento per segmento. E la vita di lui, Petrarca, così come la vita di chiunque altro, non è che uno di questi segmenti: è tempo che si consuma e che il soggetto percepisce solo in questo consumarsi. La sola modalità del presente consiste dunque nell'istantanea ferita della coscienza che immediatamente, battito dopo battito, misura l'unico tempo che le sia realmente percepibile, il 'tempo della perdita' che la divide da ciò che appena un attimo prima è stato e che *ora* non è più, precipitato per sempre nell'abisso del passato che la memoria riguarda insieme, con sublime contraddizione, come una morta montagna di detriti e però anche come l'unica prova alla quale l'io che muore riesce ad aggrappare la sua fragile identità di vivente.

Un siffatto sentimento del tempo permea di sé tutte le opere di Petrarca, corre continuo sotto pelle, e le anima ed emerge a tratti in formulazioni folgoranti. Come, per non fare che un esempio tra mille, in questo passo, dalla lettera *Fam.* XXIV 1:

> Arrivato a questo punto della lettera, mentre stavo pensando se aggiungere qualcosa o no, battevo, come capita, il foglio bianco con il rovescio della penna. E proprio questo gesto fece sì che le mie riflessioni si volgessero al fatto che durante quei minimi intervalli il tempo scorre via, e che anch'io me ne vado con lui, m'allontano, mi perdo e, per dirla tutta, muoio.

Ma si rilegga anche, dalla parte dell'io che si vuole irriducibile al dissolvimento e ostinatamente si riconosce nella memoria di sé, quanto il personaggio di Agostino proprio nelle prime pagine del *Secretum* oppone a Francesco che si dichiarava ormai libero dai pericolosi desideri della giovinezza: «*Aver voluto* e *volere* anche se sono lontani nel tempo, nella loro essenza e nell'animo di chi vuole sono una sola unica cosa».

Va ripetuto che la vertiginosa psicologia generata dalla dialettica tra il senso addirittura fisico della vita come 'perdita' e quello della memoria che per contro impone l'incombente e totalizzante presente dell'io, quasi la sua minima paradossale eternità, trova la sua forma più compiuta nel *Canzoniere* e nei *Trionfi*. Diceva già sant'Agostino, del resto: «Non posso comprendere la natura della mia memoria, mentre senza di quella non potrei nominare neppure me stesso» (*Conf.* X 16, 25): e Petrarca appunto, come nessun altro prima di lui, ha saputo dare forma lirica e mettere in scena il dramma dell'io che riesce a percepirsi solo nel mistero della memoria di ciò che più non esiste. Ma quel sentimento del tempo non agisce solo nella poesia: esso è in verità ovunque, in Petrarca, e l'accompagna dappertutto come una bussola sicura. Per esempio, nel campo delle sue scelte di tipo etico, rispetto alle quali occorre aprire una piccola parentesi chiarificatrice.

6. FILOSOFIA E VITA

Presso molti lettori Petrarca è ancora in parte prigioniero dell'immagine riduttiva del poeta come grande lirico al quale è aliena qualsiasi dimensione di carattere speculativo (e appunto dotato di «fioca potenza speculativa» lo ha definito Gianfranco Contini). In apparenza è così, non c'è dubbio, ma solo perché Petrarca medesimo ha voluto apparire tale, rifiutando con una coerenza affatto filosofica di vestire i panni del filosofo: anche in questo caso, insomma, noi lo vediamo così come egli ha voluto essere visto. Egli si è sempre atteggiato a moralista, nel solco soprattutto di Seneca, e attraverso un linguaggio non specialistico ha sempre aggirato i tecnicismi di quel pensatore puro che non solo non ha mai voluto essere, ma che addirittura ha avversato, come modello, con implacabile ostilità. Per lui, infatti, la filosofia è essenzialmente un modo di vita, uno specifico *Bìos* che coincide in tutto e per tutto con la vita morale del filosofo, e in tal senso essa davvero si riassume nelle parole di Cicerone, nelle *Tusculane*, I 74, che Petrarca ha particolarmente amato e spessissimo citato, secondo le quali Platone avrebbe detto che tutta la vita del filosofo non è altro che una preparazione alla morte. Il processo della conoscenza, insomma, o è un evento di natura etica o non è nulla, e per tale via si capisce bene come in lui finisca per scomparire ogni distinzione tra l'ambito filosofico e quello etico-religioso. In ciò, egli ritorna all'antica concezione della filosofia che il cristianesimo aveva indebolito, sia perché la Chiesa non era disposta a concedere che i filosofi pagani avessero davvero messo in pratica quei principi ai quali pure si erano teoricamente avvicinati, sia perché era ormai la vita cristiana che si presentava come l'unica vita filosofica, radicalmente alternativa rispetto a ogni altro modello. Nel corso del Medioevo, inoltre, il discorso propriamente filosofico aveva utilizzato, spesso al servizio della teologia, l'apparato tecnico-concettuale della filosofia antica e aveva aperto la via, attraverso l'insegnamento universitario, alla professionalizzazione dei suoi contenuti, evidente da ultimo nel fatto che il filosofo è precisamente il commentatore di Aristotele. Ma Petrarca rifiuta con polemica coerenza ogni concezione tecnico-professionale della filosofia, e rimette quella concezione del *Bìos* filosofico al centro della propria riflessione e l'investe del problema della propria realizzazione personale, inaugurando così il nuovo atteggiamento degli umanisti, come mostra il lungo e robusto ponte che si può gettare tra lui ed Erasmo.

In tal modo (*tout se tient*, come si vede) egli colma il solco che si era aperto tra la vita cristiana e il *Bìos* filosofico degli antichi nel nome dell'essenziale continuità dell'esperienza umana, dei suoi valori e delle sue domande ultime, e la sua feconda originalità sta nell'aver posto al centro dell'attenzione la condizione esistenziale che fa di una teoria filosofica una cosa viva, e nell'aver riportato l'attività intellettuale sotto il criterio del giudizio morale. Ma ancora, come s'è detto e ridetto, egli non ha semplicemente affermato una simile esigenza, ma si è concretamente prodigato attraverso tutte le sue opere nel presentare se stesso come un paradigma umano dal largo valore esemplare. In effetti, Petrarca si mette ogni volta in giuoco, e non c'è in lui alcuna presa di posizione che non corrisponda in modo ora più ora meno evidente a un'immagine idealizzata di sé. Ma che c'è al fondo di tale immagine? Su quale forza ultima riposa? Non c'è dubbio: ancora l'idea cristiana del tempo e della morte.

7. CONTRO L'ETERNITÀ DEL MONDO

Petrarca, con mossa geniale, lega la tesi classica circa l'eternità del mondo ai fondamenti dell'etica stoica, basata sull'adesione alle increate leggi dell'ordine cosmico e sulla totale identificazione con il proprio fato da parte di un individuo catafratto contro illusioni e speranze e arroccato, per contro, a difendere l'egoistico mito della propria autarchia quale unica forma pensabile di compiutezza morale e di felicità. Il saggio stoico è per Petrarca ciò che già era per Agostino, «un infelice con coraggio» (si veda specialmente *De Trinitate* XIII 7): proprio come il saggio cristiano in esilio nella città terrena, diremmo. Ma il cristiano *sa* che il mondo è stato creato da un gesto della volontà divina e che un altrettale gesto finirà per cancellarlo, e che egli stesso è stato gettato nel tempo della propria morte e condannato a essere testimone dell'azione di un siffatto tempo/morte su di sé e su tutto ciò che lo circonda. La Rivelazione ha cancellato la falsa e sterile consolazione di una cosmica e ciclica eternità che in ogni caso l'accoglierebbe nel suo grembo (si leggano al proposito le *Consolazioni* di Seneca), e l'ha posto, invece, su quel confine tra l'essere e il nulla che gli schiude l'orizzonte affatto diverso del divino, cioè dell'alterità radicale che sola può alimentare la tensione e infine il vero e proprio amore per la perfezione ultima di cui soffre la mancanza nel momento stesso nel quale, agostinianamente ancora, la vive come presenza trascendente.

Petrarca aggredisce nell'eternalismo il fondamento materialistico delle scienze della natura ma insieme, nel fare ciò, si riconosce e si appropria del patrimonio morale degli antichi, e lo consegna a un orizzonte diverso entro il quale trova compiutezza e fondamento, trascendendo l'orizzonte chiuso e incomprensibile della morte individuale e della mera eternità della materia con un atto di fede che restituisca alla vita un significato altrimenti impossibile. Più semplicemente, il cristiano non è meno infelice di Magone morente e addirittura attraverso le sue estreme parole può imparare a conoscere per intero la propria umanità e la propria sofferenza: ma a differenza del pagano egli comprende sino in fondo la maledizione temporale che la genera perché può finalmente riscattarla nella prospettiva del divino. E ciò introduce a un altro punto decisivo che solo per comodità espositiva potremmo scindere in momenti diversi: il momento che compendiosamente si riassume nel rapporto tra conoscenza e felicità e approda all'apologia dell'ignoranza, nella particolare accezione che Petrarca dà alla parola, e quello che lega l'essenza della vita morale al primato della volontà.

8. SAPERE E FELICITÀ

Tipica del mondo antico e definitivamente sanzionata da Aristotele era stata la concezione che legava intimamente conoscenza e felicità, secondo un sillogismo di questo tipo: se è vero che l'essenza dell'uomo rispetto ad ogni altra creatura è caratterizzata dal possesso della razionalità, sarà necessariamente vero che la sua felicità dipende dalla perfetta realizzazione di una natura siffatta. In tal senso, la conoscenza non solo *è* felicità ma è anche, insieme, virtù in atto, dal momento che i dettami della ragione sono di per sé intrinsecamente virtuosi. Un tale schema concettuale era stato ripreso con forza dall'aristotelismo radicale del XIII secolo, con rischiose conseguenze sul piano etico: solo l'attività speculativa, infatti, sarebbe stata degna dell'uomo e solo essa avrebbe addirittura permesso di definirlo come tale e gli avrebbe dischiuso le porte della verità e della felicità, permettendogli di giungere, in questa vita e con le sole forze della sua ragione, sino alla contemplazione della Causa prima. Gli altri, gli incolti, scendendo lungo la scala sociale, non sarebbero stati che dei sottouomini, dei bruti, chiamati uomini solo per convenzione linguistica (*equivoce*), e dunque esclusi dal mondo delle scelte morali.

Un insieme di proposizioni di questo tipo, inaccettabili per la Chiesa fu clamorosamente condannato dal vescovo di Parigi Stefano Tempier nel 1277, ma avrebbero avuto ancora vita lunga, per molte ragioni. Tra esse, anche il fatto che continuava a sembrare indiscutibile che l'esercizio della ragione e la ricerca della conoscenza costituissero il massimo imperativo etico e il fondamento più saldo di ogni possibile felicità propriamente umana. Anche Dante, sulla traccia di Alberto Magno, ha fortemente risentito di queste posizioni e tiene sempre ben saldo il principio per lui irrinunciabile secondo il quale la conoscenza è la sola vera fonte di felicità. Ebbene, Petrarca è il primo intellettuale che disarticola il nesso plurimo: virtù-conoscenza-felicità, che da Aristotele agli stoici per finire ai moderni si era costituito come il cuore di ogni possibile etica mondana identificando direttamente l'attività intellettuale con l'essenza più vera della vita morale. Egli invece, abbiamo detto, ha sempre concepito la conoscenza in rapporto all'etica e ha sempre presentato le sue conoscenze alla luce del suo personale modo di essere: la conoscenza, insomma, non si misura con le categorie dell'intelletto ma con le verità della vita, e solo in quanto evento di natura etica può comunicare con la felicità. In caso contrario, nella forma oggettivata del sapere scientifico, essa non procura alcuna felicità e neppure mantiene rapporti con l'esercizio delle semplici e fondamentali virtù delle quali anche gli umili – il contadino, il pastore, la vecchietta che egli evoca – sono certamente provvisti. Tutto questo egli lo fa, naturalmente, nel nome di sant'Agostino che rifacendosi alla Bibbia (per esempio, *Ecl.* [*Qohèlet*] 1, 18: «dove c'è molta sapienza c'è molta tristezza, se si aumenta la scienza si aumenta il dolore») aveva più volte ribadito come la conoscenza umana non faccia che approfondire il senso di inadeguatezza dell'uomo e lo situi sempre più in una terra nella quale si è stranieri e pellegrini: la conoscenza è dolore, perché chi conosce sperimenta in essa i suoi limiti e il suo immedicabile esilio dalla felicità, e perché alimenta l'infinita pena del desiderio frustrato proiettando l'uomo nella dimensione di una perdita che in nessun modo potrà essere quaggiù risarcita. E ancora da sant'Agostino egli riprende l'altra massima secondo la quale «tutti vogliamo essere felici», ben diversa, come si vede, dall'aristotelico/dantesca, e la sua polemica s'incunea nello spazio che divide i due assiomi e ne disarticola i nessi, alla luce di una verità esistenziale che riesce a porsi come esemplare di ogni altra vita in qualsiasi altro tempo, dentro e fuori la dimensione della fede.

Il suo accento batte continuamente sull'universale verità di questo dato d'esperienza, e non si vede chi altro, fuori da precise ipoteche dottrinali e con altrettanto *pathos*, sia tornato con tanta forza a sant'Agostino per denunciare il fatto che la conoscenza è altra cosa dalla felicità e addirittura può esserne la nemica, se è vero che la sua perfezione sta nel dichiarare la propria doppia sconfitta: quella materiale, dinanzi a un'inesauribile, incontrollabile e contraddittoria massa di dati, e quella morale, visto che il suo approdo di verità sta nell'arrivare a «conoscer chiaramente / che quanto piace al mondo è breve sogno» (*Rvf* 1, 13-14). Anche in questo senso, dunque, Petrarca occupa un ruolo-chiave, perché è ben lui a sbarrare la strada all'ideale classico della ricerca della felicità e a proporre alla modernità il valore esemplare di un percorso intellettuale ed esistenziale come il suo, caratterizzato in ogni sua fase dalla scissione che oppone sapere e felicità, e dove addirittura l'ultimo contenuto di verità del sapere altro non è che la coscienza sempre più variegata e profonda di una scissione siffatta: e questa, si può anticipare, è certo una delle più importanti linee di forza che agiscono nel *Canzoniere*.

9. LA DIMENSIONE FILOSOFICA E MORALE DELL'IGNORANZA

Quanto appena detto ('la conoscenza è nemica della felicità') conosce in Petrarca uno sviluppo particolare che potremmo grossolanamente definire come l'elogio dell'ignoranza. Punti forti d'appoggio sono da un lato l'antico motivo dell'errore quale condizione invalicabile e distintiva dell'esistenza umana (motivo che Petrarca riprende e varia attraverso tutta la sua opera), e dall'altro la denuncia, anch'essa ripetuta, dell'insufficienza dell'etica aristotelica che non si sottrae al fallimentare destino di tutto lo scibile che pretenda una completezza che all'uomo non è dato di possedere, ed è inchiodata alla propria imperfezione perché ignora ciò che la trascende. In verità, ogni sapere umano di ogni epoca è caratterizzato dalla propria limitatezza, sì che, per quanto grande sia la differenza su questo piano tra uomo e uomo, pagano o cristiano che sia, essa sarà sempre trascurabile se confrontata con quanto entrambi continueranno a ignorare. Onde sapienza vera e reale sarà solo quella che di tanta ignoranza si farà carico, e ne avrà piena consapevolezza e in essa umilmente iscriverà quel poco che sarà arrivata a possedere. Di qui, Petrarca insiste sul fatto per lui fondamentale che una consapevolezza siffatta è costitutiva della nostra dimensione morale perché, nel momento in cui traccia confini insuperabili, inevitabilmente pone l'uomo dinanzi a ciò che sta oltre il confine e irresistibilmente lo chiama a sé. Ove tale consapevolezza manchi, mancherà anche il *pathos*, la tensione, il desiderio e insomma l'amore la cui essenza sta tutta in questa disposizione e apertura. E questo, in fondo, è tutto ciò che è veramente indispensabile sapere, a fronte di ogni altra minima e limitata conoscenza. Che, nel *De ignorantia*, la discussione sull'etica aristotelica sia incorniciata dalla ripetuta osservazione che anche Aristotele, in quanto uomo, ignorò molte cose non corrisponde solo a un vulgatissimo *topos*, ma appare ben spiegabile lungo il filo del ragionamento di Petrarca che contesta appunto a quell'etica di non assumere tale ignoranza quale punto di partenza e d'arrivo, e di essere invece solo una frigida teoria dei comportamenti, prigioniera di un pensiero sistematico e totalizzante che non vede ciò che gli è esterno e non riesce perciò a uscire da sé, a sollevarsi, a superarsi:

> Credo d'aver letto tutti i libri di morale di Aristotele, alcuni li ho anche sentiti esporre, e pareva persino che ne capissi qualcosa [...] Ebbene, tornando a guardare in me stesso, può darsi che per merito loro io mi sia ritrovato un poco più erudito, ma non reso migliore come avrebbe dovuto succedere [...] Vedo, certo, che egli definisce assai bene cosa sia la virtù, e che la suddivide e la discute con acutezza, così come fa con tutti gli elementi che appartengono da una parte al vizio e dall'altra alla virtù. E quando ho imparato tutto questo, so qualcosa di più di quello che sapevo già: ma il mio animo è rimasto tale e quale a quello di prima, e identica è rimasta la volontà, e infine identico sono rimasto io stesso. Una cosa, infatti, è sapere

e un'altra è amare; una cosa l'intendere e un'altra il volere (*De ignor.* 143-144).

Come si vede, Petrarca scombina le carte, e le gioca con grande abilità quando all'etica di Aristotele muove una critica di natura, appunto, strettamente etica, e non già di tipo speculativo, ispirandosi probabilmente a un passo delle *Confessiones* di sant'Agostino, IV 16, ove il santo racconta quanto fosse stato deluso dalla lettura delle *Categorie* del medesimo Aristotele. Ed è appunto restando sotto le ali del maestro che alla polemica antiscientifica egli aggiunge la considerazione che l'etica non è una scienza tra altre scienze perché il suo oggetto è la vita dello spirito che non è affatto definita, potremmo dire, da ciò che è, ma da ciò che non è né sarà mai perfettamente, in quanto movimento e 'potenza' che aspira al divino.

10. ARISTOTELE E PLATONE

A questo punto, un esempio illustra bene i termini del discorso e la portata epocale dell'iniziativa petrarchesca che, s'è già detto, apre le porte al gran capitolo del platonismo rinascimentale. Dante incontra nel Limbo i sapienti dell'antichità, e tra essi assegna, com'era scontato, il primo posto ad Aristotele:

> vidi 'l maestro di color che sanno
> seder tra filosofica famiglia.
> Tutti lo miran, tutti onor gli fanno:
> quivi vid'io Socrate e Platone,
> che innanzi a gli altri più presso gli stanno
> (*Inf.* IV 131-135)

Petrarca, diciamo quaranta/cinquant'anni più tardi, all'inizio del terzo capitolo del *Trionfo della Fama*, vv. 4 ss., presenta una rassegna dei grandi filosofi, e così comincia:

> Volsimi da man manca; e vidi Plato,
> che 'n quella schiera andò più presso al segno
> al qual aggiunge cui dal cielo è dato;
> Aristotele poi [...]

Come si vede, Petrarca non solo capovolge l'ordine, ma rovescia pure, e senza dubbio con precisa intenzione polemica verso il predecessore, il criterio di giudizio. In Dante, Aristotele è primo in senso compiutamente positivo (conosce più cose degli altri); in Petrarca, Platone è primo perché è andato più vicino alla verità rivelata che solo per grazia divina può essere raggiunta. Era stato ancora sant'Agostino ad aver insegnato a Petrarca che Platone era il filosofo antico che più si era avvicinato alla verità del cristianesimo e l'unico con il quale i cristiani potessero accettare di confrontarsi. E Petrarca, che in tutta la sua opera esalta gli 'occhi dell'anima' di Platone e continuamente ripete tale giudizio, sottolinea nel *Trionfo* proprio l'elemento dinamico che anima il pensiero platonico, e la direzione del percorso compiuto e l'essenziale significato di quello che il filosofo non poté compiere, privo com'era della luce della rivelazione e dell'aiuto della grazia. Si tratta dunque di una critica che si trasforma in elogio perché individua una linea di tensione fondamentalmente giusta, proprio quella che ad Aristotele sarebbe mancata. Così, la parte di percorso che Platone non ha potuto compiere non cessa, per questo, d'essere il contenuto di verità di quello che ha compiuto. La grandezza di Platone, come quella di ogni altro pensatore, non ha in sé la sua propria misura, riferita a un'oggettiva quantità di sapere, ma è relativa a quella verità verso la quale egli si è mosso e che sola garantisce ogni vero come tale. In questo senso, e in piena coerenza con se stesso, Petrarca ribadisce dunque che ogni vero sapere è una particolare forma di ignoranza perché riconosce d'essere fondato su una verità che gli appartiene solo in quanto lo trascende, e che una simile ignoranza è la dimensione propria della vita morale perché è il luogo dello spirito che infinitamente desidera ciò che gli si rivela solo come mancanza.

A questo punto è chiaro che Petrarca, in nome della concezione etica attorno alla quale ha costruito il proprio ruolo di *maître à penser*, è risolutamente convinto del primato della volontà, e accompagna infatti l'attacco all'intellettualismo aristotelico con «un sofferto e radicale volontarismo cristiano che ritiene di potersi garantire con Agostino» (Sciuto). In ciò, i suoi accenti sono spiccatamente moderni, e sembrano rifarsi da vicino, nella sostanza, alle posizioni di Giovanni Duns Scoto, il teologo inglese che fu *magister theologiae* all'Università di Parigi (1265-1308). Basti, accennando appena a questa strada, che una delle sentenze agostiniane più citate da Scoto è quella che afferma che «nulla è in potere della volontà più della volontà stessa»; che in lui è centrale il momento dell'autodeterminazione della volontà mediante la libertà; che il primato della volontà sull'intelletto comporta quello dell'amore sulla conoscenza; che esiste una legge naturale uguale per tutti nella quale anche i pagani si sono riconosciuti... Alcune di queste convinzioni, abbiamo visto, sono alla base della morale petrarchesca (abbiamo citato poco sopra parole come queste: «Una cosa, infatti, è sapere e un'altra è amare; una cosa l'intendere e un'altra il volere», e abbiamo ripetutamente ricordato la figura, emblematica, di Magone). Altre le troviamo espresse con singolare nettezza nel primo libro del *Secretum*, ove questa problematica conosce sfumature e sviluppi assai sottili, per esempio nel mettere a fuoco la nozione stessa di *felicità/infelicità*, e nello stabilire la rete dei rapporti nonostante tutto decisivi tra la *volontà* (la *recta voluntas*, in particolare) e la *ragione*. Ma il discorso sulla volontà e sulla capacità di autodeterminazione che costituisce, a fil di logica, la premessa sulla quale riposano gli sviluppi successivi, resta il cardine attorno al quale tutto il discorso ruota.

11. SOGGETTIVITÀ ED ESEMPLARITÀ

Non è possibile inseguire in questa sede tutto ciò, e vale semmai la pena di avvertire ancora una volta, contro la perdurante accusa di scarsa originalità di pensiero, che è vero, Petrarca, sul piano speculativo non vale il suo Seneca, e tanto meno il suo sant'Agostino: del resto, egli ha intelligentemente fatto di tutto per evitare confronti su questo piano. Ma non è questo il punto. Noi non dobbiamo chiedere a Petrarca l'originalità speculativa che non è mai stata nei suoi propositi, e dobbiamo accettare che le sue affermazioni si rifacciano a posizioni largamente consolidate nella tradizione e in alcuni casi a veri e propri luoghi comuni della precettistica morale. Ma davvero indispensabile è che si colga da un lato la nettezza e la forza di novità con la quale egli sceglie una determinata tradizione *contro* un'altra (nel caso, il neoplatonismo agostiniano contro lo scientismo e il razionalismo etico di Aristotele), e dall'altro l'impronta inconfondibile della sua voce nel modo articolato e intelligente con il quale egli mescola i vari fili delle verità in cui crede e nella variegata ricchezza del momento propriamente etico, che in lui mantiene sempre una dimensione aperta e concreta. In altri termini, non sono originali le singole affermazioni ma lo è il risultato, interamente governato dall'intento di trasformare quelle verità in scelte di vita. Così, in nome di ciò che appartiene in modo intimo e diretto alla dimensione morale dell'esistere, Petrarca salta a piè pari qualsiasi tecnicismo speculativo e si colloca in un orizzonte di discorso completamente diverso nel quale a far da discrimine non è il materiale accumulo del sapere, ma piuttosto la particolare configurazione dell'esperienza morale del singolo: insomma, il valore della persona.

In conclusione potremmo dire, con ulteriore apparente paradosso rispetto all'immagine vulgata, che l'originalità di Petrarca e la chiave del suo successo stanno nella coerenza che guida le sue scelte e fa sì che il modello che egli propone si presenti dotato, all'interno, di una forte solidarietà tra le sue molte parti, e perciò goda, all'esterno, di una riconoscibilità e un impatto assai forte. Di più, se ripercorriamo alcuni dei momenti toccati, possiamo facilmente vedere come la sua *summa* dotata di larghissima efficacia divulgativa (ma l'aggettivo non gli sarebbe piaciuto) toccasse una serie di punti nevralgici e li sciogliesse alla luce di ciò che il suo tempo chiedeva: un dialogo finalmente libero e spregiudicato con il sapere antico; una rifondazione più agile e insieme più ricca della morale; un'apertura nuova, ossia meno vincolata a obsoleti apparati ideologici, alle categorie della politica; un'irruzione forte della soggettività ecc. Così, la storia cessa di essere qualcosa di alto e incomprensibile che muove secondo le insondabili leggi della Provvidenza, ma diventa un discorso *de viris*: un discorso che si volge agli uomini e alle loro responsabilità. La grandezza di Roma è in tutto e per tutto il risultato della *virtus* (e dunque della volontà) dei romani, a cominciare da quelli che il *De viris* esalta: ed è precisamente per questo che la sua storia costituisce, per Petrarca, il più alto se non l'unico modello positivo al quale l'umanità possa ancora rifarsi e che possa sperare di raggiungere, un giorno, un'altra volta.

Il punto è in verità assai delicato, perché mette precisamente in ombra il vecchio discorso, al quale Dante si teneva stretto, della trascendente funzione dell'impero voluto dalla Provvidenza, e porta per contro alla luce la costruttiva grandezza dell'attività degli uomini. Uomini che, rispetto ai loro fini, hanno operato meglio di altri, e hanno tutti un nome: Romolo, Numa, Tullo Ostilio, Anco Marzio ecc. Ora, alla luce delle nostre moderne concezioni possono esistere legittime riserve sull'assoluta grandezza di Petrarca quale storico, per essere ancora vincolato a schemi retorici e letterari, ma non si dovrebbe esitare a riconoscere che lo sforzo di individuare e dare un nome coloro che la storia l'hanno fatta è esattamente il punto di snodo attraverso il quale è stata superata la vera e propria antistoria dei secoli precedenti. Ma poi, non si tratta solo di individuare e nominare ma propriamente di ristabilire il filo di una continuità che permetta corti circuiti intellettuali e psicologici, rapidi *vis-à-vis*, proiezioni e identificazioni significative. C'è un passo, nel terzo libro del *Secretum*, nel quale Petrarca fa dell'autoironia proprio su quel suo continuo proiettarsi sullo schermo dell'esemplarità storica. *Agostino* parla del passare del tempo, e dell'invecchiamento e dei capelli ormai bianchi, e aggiunge, per smontare l'abitudine di *Francesco* di ripararsi dietro modelli antichi: «Se ti avessi rinfacciato la calvizie, immagino che avresti tirato in ballo Giulio Cesare». Al che *Francesco* ribatte che certamente sì, non ne avrebbe fatto a meno:

> Perciò, se tu mi avessi rimproverato d'essere piuttosto intimorito dal fragore dei fulmini, io, non potendolo negare [...] avrei risposto che Cesare Augusto soffriva dello stesso male. Se tu avessi detto ch'io sono cieco, e fosse stato vero, mi sarei riparato dietro l'esempio di Appio Cieco e di Omero, il principe dei poeti; se guercio, con quello di Annibale, il condottiero cartaginese, o di Filippo re di Macedonia. Se sordo, con quello di Marco Crasso; se insofferente del caldo, con quello di Alessandro il Macedone. Sarebbe lungo passarli tutti in rassegna, e da questi puoi immaginare il resto.

Il tono è appunto autoironico, ma l'ironia è serissima, perché non c'è niente di più serio, in Petrarca, di questa fede nella perenne attualità dell'esperienza umana e nella sua trasmissibilità (è ancora questione, dunque, della «fondamentale uguaglianza dell'animo umano» della quale ha parlato Martellotti). E di ciò appunto è fatta la storia, dotata di tanto potere attualizzante che il suo percorso può essere addirittura invertito, e rifatto almeno idealmente all'indietro: onde non deve stupire, per fare un altro esempio significativo dopo quello tratto dal *Secretum*, che Petrarca raccolga nell'ultimo libro delle *Familiares* le lettere da lui scritte a Cicerone (XXIV 3 e 4), alla quale seguono nell'ordine quelle a Seneca, a Varrone, a Quintiliano, a Tito Livio, ad Asinio Pollione, a Orazio, a Virgilio (queste due, in versi), e infine quella presentata come una risposta a una lettera di Omero. Un colloquio siffatto, che presuppone la presenza degli interlocutori direttamente e personalmente evocati, illustra come meglio non si potrebbe la natura profonda del rapporto di Petrarca con gli antichi autori, anch'essi, come i condottieri del *De viris*, individuati e caratterizzati nelle loro qualità e nei loro difetti, e illustra in particolare l'altrettanto vivo approccio ai loro testi e la qualità singolare delle postille con le quali egli ha riempito i margini dei codici che ne contengono le opere. Qui, la chiosa erudita, l'appunto intertestuale, l'apprezzamento o la critica mostrano insieme la perizia di lettura dell'umanista e la passione con la quale egli restituisce vita e parola a quei grandi e li chiama a rinnovare nel profondo la cultura del proprio tempo.

CAPITOLO 3

Il *Canzoniere*: genesi e struttura

1. LA LINGUA

Il *Canzoniere* e i *Trionfi*, ossia, con l'appropriato titolo latino, i *Rerum vulgarium fragmenta* e i *Triumphi* (quello di 'canzoniere' è il titolo invalso a partire dalla seconda metà del Quattrocento), sono le due opere poetiche che Petrarca ha scritto in volgare italiano, e che gli hanno assicurato tanta parte della gloria di cui ha goduto e gode. Va detto subito che null'altro ci resta di lui in volgare, a parte una serie di *Rime disperse* o *estravaganti* rimaste fuori dal *Canzoniere*, molte delle quali di attribuzione dubbia o francamente insostenibile: solo per dare un'idea basti che la scelta più recente, a cura di Laura Paolino, limitata alle rime certe o più sicure, comprende ventun pezzi. Il volgare è dunque in Petrarca lingua esclusivamente poetica, mentre il latino è lingua sia della poesia che della prosa, la quale infatti è solo e rigorosamente latina, con l'unica eccezione di una letterina di poche righe a un tal Leonardo Beccanugi (ma è dubbio che sia stata originariamente scritta in volgare): addirittura, in latino sono anche le postille con le quali egli accompagna, sul margine dei suoi fogli autografi, i versi italiani (*hic placet*; *dic aliter hic*; *Attende*; *Hic videtur sonantior* ecc.), quasi fosse questa la lingua della normale comunicazione, che finisce per instaurare, nei confronti della lirica, una sorta di bilinguismo perfetto.

Ancora in via preliminare, è stato giustamente indicato da Michele Feo come Petrarca (che, a differenza di Dante, non ci offre alcuna riflessione teorica sulla lingua) ricavi da una testimonianza di Virgilio una sorta di passaporto per la sua lirica volgare. Virgilio, infatti, in *Georg.* II 385, scrive che i coloni d'Italia (*Ausonia*) scherzano con versi senz'arte («versibus incomptis ludunt»), e Servio annota che tali versi erano in metro saturnio, basato esclusivamente sul ritmo. Petrarca appunta la cosa sul margine del suo codice, il Virgilio Ambrosiano, f. 31v, e ne parla nella lettera di dedica delle *Familiares*, I 1, 6, osservando come proprio questa poesia ritmica volgare fosse tornata in vita presso i poeti della scuola siciliana: in tal modo egli legittima la sua stessa poesia volgare «entro un'operazione umanistica di riconquista di un bene che fu già degli antichi» (Feo). Si tratta naturalmente di un *alibi* culturalmente assai importante e affatto coerente con la strategia petrarchesca che ufficialmente assegna un posto di seconda fila alla produzione volgare, definita con sufficienza proprio nel passo della lettera appena ricordata come «destinata a lusingare le orecchie del volgo» («mulcendis vulgi auribus intenta»), e giudicata con aperta bugia (per esempio nella lettera *Fam*. XX 15 al Boccaccio, ove respinge l'accusa di essere invidioso nei confronti di Dante) quasi un peccato di gioventù ormai ampiamente superato. Secondo tale schema, diremmo dunque che il poema *Africa* si pone nella scia sublime di Virgilio, mentre le liriche d'amore si porrebbero in quella dei rustici versi degli antichi contadini. Ma si tratta di un *alibi*, appunto, specie se guardiamo alla qualità di tale volgare che, come ha spiegato Contini, «è solo sede di esperienze assolute» (nel celebre saggio *Preliminari sulla lingua del Petrarca*, del 1951, da leggere insieme all'altro, del 1943, *Saggio d'un commento alle correzioni del Petrarca volgare*), ed è stato ripetutamente caratterizzato dagli studiosi, nel suo strenuo perfezionismo, come 'assoluto stilistico', 'poliglottismo minimale', 'unilinguismo', 'classicismo volgare' ecc. Sembra indubbio che Petrarca, all'ombra dell'autorizzazione classica, abbia perseguito un volgare aulico *non* parlato a base fonetica essenzialmente fiorentina (come una sorta di fiorentino trascendentale l'ha definito ancora Contini), ripulito di ogni particolarità municipale e dialettale e di ogni elemento violentemente realistico-espressivo, e nobilitato per contro, sul piano lessicale, dall'attento filtro del latino.

È stato anche detto che questo «lume trascendentale del linguaggio» è un ideale del tutto spontaneo, incompatibile con un'opera razionale di riflessione. Sarà. Ma si dica intanto che la lingua di Petrarca è in verità più mossa di quanto un eccessivo irrigidimento delle formule di Contini ha lasciato pensare (lo dimostra bene Maurizio Vitale, nel suo fondamentale studio sulla lingua del *Canzoniere*), e che essa ha saputo sottrarsi attraverso scelte tanto intelligenti quanto raffinate alla forza dirompente del modello dantesco, pur assimilandolo in maniera stupefacente, come nessuno è poi riuscito a fare, e che in tale modo ha dato forma, contro Dante, a un linguaggio poetico radicalmente alternativo che, per la sua inappuntabile eleganza, si lascia più facilmente descrivere per quello che non è, piuttosto che per quello che è. Quella di Petrarca è insomma una lingua d'arte platonicamente archetipica, sottratta all'uso dalla sua stessa interna perfezione e dunque singolarmente resistente come modello assoluto capace di valicare immutato i secoli: soprattutto attraverso l'opera del Bembo essa costituirà il canone supremo della lingua poetica italiana, e tale rimarrà sino a Leopardi e oltre.

2. LA STRUTTURA

Il *Canzoniere* è costituito da 366 componimenti lirici divisi in due parti, tradizionalmente definite 'in vita' e 'in morte' della donna amata, Laura (rispettivamente 1-263, e 264-366). Tali componimenti sono metricamente distinti in: 317 sonetti; 29 canzoni; 9 sestine; 7 ballate; 4 madrigali, che si alternano in maniera del tutto libera, salvo il fatto che nella parte in morte ci sono una sola sestina (332), una sola ballata (324) e nessun madrigale. Le liriche non si presentano nella forma di rime sparse, sciolte da legami reciproci di tipo strutturale, come avviene per esempio con le rime di Dante, ma danno forma a una costruzione unitaria che, per essere difficile da definire, non è per questo meno solida e vincolante. In altri termini, ogni lirica è leggibile antologicamente, come qualcosa di compiuto in sé, di autonomo, e in effetti molti dei più celebri componimenti li si continua a leggere in questo modo. Ma nello stesso tempo quella stessa lirica è un anello di una catena significativa, e riceve un sovrappiù di senso dalla sua posizione e dai suoi rapporti con le altre alle quali è legata da una rete a volte evidente e a volte assai sottile di richiami tematici e/o semplicemente lessicali. Sarebbe tuttavia esagerato dire che i singoli pezzi facciano parte di una struttura narrativa al modo dei capitoli di un romanzo: in virtù di quegli ampi margini di autonomia, essi sono e restano frammenti, ma frammenti di un'unica vicenda che si svolge nel tempo e costruisce passo passo la propria storia.

Quale sia questa vicenda, è presto detto: prima, il precoce innamoramento per Laura, e la lunga trama delle occasioni liriche e delle altalenanti sofferenze dell'amante frustrato e devoto, sullo sfondo continuamente evocato del mito di Apollo e Dafne, secondo il quale la ninfa, nel momento in cui è raggiunta dal dio, sfugge al suo amplesso trasformandosi in alloro, sì da alludere, attraverso l'equazione *lauro*/Laura (altrove è attiva l'altra: *l'aura*/Laura) alla frustrazione amorosa risarcita dall'alloro, cioè dalla gloria poetica. Poi, la morte della donna, presentita nei sonetti 246-254 (ma esistono anche circostanziate allusioni alla delicata salute di lei, per esempio nei sonetti 184 e 241), e la tarda dolente stagione della memoria nella quale il poeta riconferma il proprio amore e le eccezionali qualità dell'amata, e però s'impegna a tornare finalmente in sé ed a ricomporre gli sparsi frammenti della propria esperienza sentimentale nel quadro della matura e triste saggezza del vivere e di un senso morale e religioso sempre più esigente, che culmina infine nell'alta preghiera della finale canzone alla Vergine.

Tutto sommato, si sarebbe forse più vicini al vero definendo le singole liriche come frammenti di diario – un diario soprattutto intimo –, anche perché Petrarca stesso ha posto una serie esplicita di segnali in questo senso che attraversa tutto il *Canzoniere*: i testi d'anniversario, che hanno appunto il compito di stringere l'opera entro una solida rete temporale e di orientarne la lettura secondo un criterio di continuità. Stabilito che nell'affabulazione petrarchesca il punto di partenza è dato dal giorno dell'innamoramento, il 6 aprile 1327, di prima mattina (211, 12-14), ecco la serie degli anniversari (si noteranno alcuni ritorni variamente spiegati dagli studiosi, anche attraverso l'ipotesi, in verità poco credibile, di vere e proprie sviste di Petrarca): il settimo (30, 28-29); il decimo (50, 54-55); l'undicesimo (62, 9-10); il quattordicesimo (79, 1-2); il quattordicesimo ancora (101, 12-13); il quindicesimo (107, 7-8); il sedicesimo (118, 1-2); il diciassettesimo (122, 1-2); il quindicesimo ancora (145, 13-14); il ventesimo (212, 12-13); il ventesimo ancora (221, 8); il diciottesimo (266, 12-14); il ventunesimo (271, 1-3). Siamo così al 1348, l'anno della peste. Laura muore, il 6 aprile, e Petrarca ricorda il terzo anniversario dell'evento (278, 14) e infine il decimo: «Tennemi Amor anni ventuno ardendo [...] poi che madonna e 'l mio cor seco inseme / saliro al ciel, dieci altri anni piangendo» (364, 1-4).

3. UNA STORIA DI AUTOGRAFI

Esiste un elemento, del tutto eccezionale, che aiuta a percepire in modo più compiuto la natura organica del *Canzoniere*: o meglio, un insieme di elementi che nella storia della critica costituisce un grande esempio di collaborazione tra l'indagine propriamente filologica, quella storico-interpretativa e infine quella formale ed estetica. Si tratta di una sorta di correlativo oggettivo del *Canzoniere* medesimo, e cioè, più banalmente, del manoscritto, o meglio dei manoscritti autografi di Petrarca che lo contengono, entrambi custoditi nella Biblioteca Vaticana. Il primo manoscritto, Vat. Lat. 3196, è costituito da venti fogli sciolti integralmente autografi, gli unici superstiti, che contengono varie brutte copie e trascrizioni in pulito di una serie di componimenti, accompagnati da preziose postille relative alle date di correzione e trascrizione. In particolare, vi si leggono cinquantaquattro componimenti compresi nella raccolta definitiva con la numerazione: 23; 34; 35; 36; 41; 42; 43; 44; 45; 46; 49; 58; 60; 64; 69; 73 (incompleto); 77; 78; 145; 146; 147; 150; 151; 152; 153; 154; 155; 156 (in doppia versione); 159; 160; 179; 188 (in doppia versione); 191; 192; 193; 194; 196; 197; 199; 207; 211; 268 (in doppia versione); 270; 297; 298; 300; 301; 302; 303; 319; 321; 322; 324; 325; sette componimenti rimasti fuori del *Canzoniere*, tra le *Disperse*: 1-7 nella scelta della Paolino, e, rispettivamente, XXIII; XVI; XXVI; VIII; IX (in doppia versione); XVII; XVIII nell'edizione Solerti; quattro *Frammenti*: 1-4, nell'edizione Paolino, e in Solerti nell'ordine IV; III; V; IXa, cioè quale primissimo abbozzo della ballata *Disp.* 5/IX; una stesura primitiva e incompleta del cap. III del *Trionfo d'Amore: Era sì pieno il cor di meraviglie*; il *Trionfo dell'Eternità*, datato al gennaio-febbraio del 1374, cioè l'anno medesimo della morte del poeta. A tutto ciò vanno aggiunti quattro sonetti di corrispondenti: uno di Sennuccio del Bene che risponde a nome del cardinale Giovanni Colonna a *Rvf* 266; uno di Giacomo Colonna, uno di Geri Gianfigliazzi e uno di Pietro Dietisalvi, ai quali Petrarca ha risposto rispettivamente con i suoi 322; 179 e *Disp.* 3a/XXVI.

Il secondo, Vat. Lat. 3195, è il manoscritto definitivo, la bella copia del *Canzoniere* nella quale a partire dall'autunno del 1366 i componimenti sono stati trascritti sotto la diretta sorveglianza di Petrarca dal suo giovane copista-segretario Giovanni Malpaghini (1-190, meno 121 e 179, e 264-318) e, dopo l'improvvisa partenza del Malpaghini nell'aprile 1367 (poi tornerà brevemente, ma abbandonerà definitivamente il poeta nel luglio 1368), da Petrarca medesimo (121, 179, 191-263, e 319-366).

La circostanza è, come s'è detto, straordinaria e affascinante. Basti pensare che di Dante non c'è rimasta neppure una firma, e si capirà come l'abbondanza degli autografi petrarcheschi, e di *questi* autografi in particolare, sia stata considerata come emblematica di un salto epocale, quasi l'uscita dal Medioevo e l'improvviso ingresso nella modernità e nelle dimensioni storiche affatto nuove entro le quali le grandi individualità agiscono e lasciano traccia di sé. In particolare, per quanto riguarda il *Canzoniere*, tutto ciò significa che esso si presenti non solo come opera in sé conclusa, ma anche come *work in progress*, nel suo farsi, e che la possibilità di ricostruire i tempi e i modi della sua crescita finisca per fare corpo e infine per fondersi con l'appercezione sempre più precisa della sua organizzazione interna, e infine del suo significato complessivo.

4. TEMPI E FORME DELLA COMPOSIZIONE

Uno studioso americano, Ernest Hatch Wilkins, in un volume apparso nel 1953 ma frutto di decenni di lavoro, *The Making of the «Canzoniere» and Other Petrarchan Studies*, muovendo dai materiali appena elencati e in specie dalle postille del codice degli abbozzi, Vat. Lat. 3196, ha ricostruito l'intera vicenda compositiva dell'opera, passata attraverso nove forme, dalla prima raccolta risalente al 1336-1338 alla definitiva sistemazione del testo nell'altro codice, il Vat. Lat. 3195, nel quale il *Canzoniere* ha continuato a crescere mediante l'aggiunta di nuovi componimenti dal 1366 sino alla prima metà del 1374, pochi mesi prima della morte del poeta, il 19 luglio. Questa ricostruzione è rimasta a fondamento di ogni indagine successiva anche se l'interpretazione dei fatti accertati da Wilkins ha subìto qualche correzione, soprattutto attraverso gli studi di Rico e di Santagata, al quale si deve anche l'accurata e ricca edizione del 1996 che ha sostituito le vecchie e gloriose di Carducci-Ferrari e di Chiòrboli, e che, in particolare, ha riconsiderato l'intera questione.

In sintesi: Wilkins ha prodotto un documentato schema progressivo che mostra un processo continuo di crescita, di forma in forma, a partire dal 1336-1338, mentre oggi si pensa che le raccolte provvisorie messe insieme da Petrarca in quegli anni, e poi nel 1342, non abbiano nulla del canzoniere vero e proprio ma consistano solo in una ridotta serie di rime sparse riunite e trascritte per semplici motivi di comodo. Per la precisione (sempre sulla base delle carte del Vat. Lat. 3196), la prima raccolta di riferimento comprendeva ventiquattro sonetti e i primi ottantanove versi della canzone poi *Rvf* 23: di questi sonetti, diciassette sono entrati a far parte del *Canzoniere*: 34-36, 41-46, 49, 58, 60, 64, 69, 77, 78, 179, ma già gran parte di essi, probabilmente più altri sconosciuti, era entrata a far parte di una prima silloge alla quale Petrarca ha messo mano nell'agosto 1342, la quale aveva come testo proemiale il sonetto 34 (ma questo particolare, fortemente sostenuto da Wilkins e Santagata, sembra in verità discutibile). È stata invece la morte di Laura, nel 1348, che ha prodotto la grande novità, cioè l'idea di canzoniere come opera organica fondamentalmente strutturata nei due tempi della vita e della morte di lei. Rico ha dimostrato senza ombra di dubbio come il prologo al *Canzoniere*, cioè i sonetti 1-3, e il primo in ispecie, *Voi ch'ascoltate in rime sparse il suono*, siano strettamente legati ai prologhi alla raccolta delle *Familiares* e delle poesie latine, le *Epystole* (o, come si usava titolarle, le *Metrice*), sia per motivi interni che per dati esterni. È solo allora, insomma, che gli sparsi frammenti lirici si organizzano in vista del libro: «senza i testi *in morte* non si può parlare del *Canzoniere* come libro, come costruzione». Santagata è completamente d'accordo e il suo lungo discorso, nel volume *I frammenti dell'anima*, che porta il significativo sottotitolo: *Storia e racconto nel «Canzoniere» di Petrarca*, parte proprio di lì, dalla morte di Laura:

> All'esterno infuria la peste e il mondo a Petrarca più familiare in poco tempo si sfalda; dentro di lui crescono l'inquietudine e l'incertezza sul da farsi. Deve prendere atto che un'epoca della sua vita si è conclusa [...] Verso il 1350 Petrarca giunge a ridefinire la propria immagine, a farne un credibile autoritratto e a collocare questo progetto autobiografico al centro di una terna di grandi libri: i due epistolari [*Familiares* ed *Epystole*] e la raccolta delle rime volgari.

A ciò, si può anticipare, è connesso qualcosa di molto importante: se è vero che l'idea del *Canzoniere* prende corpo *dopo* la morte di Laura, e se è vero che la nozione stessa di canzoniere, la sua istanza di narratività, può nascere solo sull'inarcatura temporale che oppone il *prima* – rime in vita – e il *dopo* – rime in morte –, disegnando una vicenda univocamente orientata lungo la quale disporre i frammenti lirici, ebbene, non si può allora in alcun modo sottovalutare il peso che proprio allora ha avuto il modello più ingombrante e prestigioso, la *Vita nova* di Dante.

5. DALLA PRIMA ALL'ULTIMA FORMA

Si capisce a questo punto come la correzione dello schema di Wilkins, che in maniera uniforme stendeva la formazione del *Canzoniere* lungo un arco di anni che va dal 1336 al 1374, e dunque il rifiuto di parlare di canzoniere prima del 1349 e l'individuazione, per contro, dello snodo rappresentato dagli anni 1349-1350, non siano semplici precisazioni cronologiche, ma comportino una rilettura completa e complessa dell'opera di Petrarca. Una rilettura che sottolinea i caratteri classici e romani delle prime grandi opere, l'*Africa*, il primo *De viris*, i *Rerum memorandarum libri*; lo spostamento verso territori diversi con il *De vita solitaria* e il *De otio religioso*; la crisi intellettuale e morale che porta alla particolare mistura petrarchesca di agostinismo e stoicismo nel *Secretum* e all'integrale ispirazione religiosa dei *Psalmi penitentiales*. E porta all'idea del *Canzoniere*, cioè all'intima, segreta, contraddittoria dimensione esistenziale di una vicenda che l'io vive per frammenti che possono essere unificati solo in nome di un'istanza superiore che li ordini e dia loro senso e significato; ancora, sempre di lì, matura la definitiva vocazione di grande moralista che si esprime appieno nel *De remediis* e in alcune delle opere polemiche. E tutto ciò sottolinea, infine, quale spessore culturale, quale esperienza e consapevolezza, quale intreccio di valori e significati presieda alla prima concezione del *Canzoniere* e, poi, alla sua lunga composizione.

Nella seconda parte della sua vita Petrarca vi lavora con continuità: nel novembre 1357 un suo appunto rivela che stava facendo trascrivere su pergamena (dunque, in un esemplare con speciali caratteristiche di finitezza e di pregio) la raccolta dei suoi componimenti, per farne dono all'amico Azzo da Correggio. Questa redazione non ci è giunta, ma con tutta probabilità essa era costituita da centosettantuno componimenti, nn. 1-142 e 264-292 (il n. 121, la ballata *Donna mi vène*, sarà assai più tardi espunta e sostituita con il madrigale *Or vedi Amor*). In seguito, resta traccia di almeno altre due raccolte di riferimento attraverso le quali l'opera continua a crescere, sino a che, nella primavera 1363, Boccaccio si reca in visita presso Petrarca, a Venezia, e nell'occasione trascrive il *Canzoniere* in quello che oggi è il codice Vaticano Chigiano L. V. 176 (onde il nome di 'forma Chigi'), riconosciuto autografo di Boccaccio da Domenico De Robertis nel 1974: ora i componimenti nuovi sono quarantaquattro, e risulta chiara la divisione in due parti, indicata da una carta bianca. Successivamente sono riconoscibili altre raccolte via via accresciute, che danno l'idea di un impegno ormai continuo, mentre dal 1366 i risultati del lavoro confluiscono nel Vat. Lat. 3195, ove le trascrizioni sono del Malpaghini e del Petrarca medesimo.

Attraverso alcune copie tratte di qui è possibile conoscere alcune tappe intermedie: per esempio nel 1373 Petrarca fa allestire una copia del *Canzoniere* per farne dono a Pandolfo Malatesta, onde questa forma, della quale è testimonio il codice Laurenziano 41, 17, è detta appunto 'Malatesta'. Ormai a ridosso della forma definitiva è poi la forma 'queriniana', così detta dal codice D II 21 della Biblioteca Queriniana di Brescia che la conserva. Ma Petrarca intervenne ancora sul codice Vaticano con correzioni, rasure e aggiunte: l'ultimo intervento, da porre nei mesi precedenti la morte, riguarda una numerazione nuova posta a fianco degli ultimi trentuno componimenti per modificarne l'ordine, sì che, con qualche forzatura, si può dire che la bella copia, sottoposta a un tale lavoro di revisione, s'avviava a diventare a sua volta, in prospettiva, una brutta copia, che avrebbe richiesto una trascrizione ulteriore.

6. RIME IN VITA E RIME IN MORTE: LA BIPARTIZIONE

Si è detto della divisione tradizionalmente definita 'in vita' e 'in morte', che in effetti pone qualche problema. Intanto, essa è presentata da Petrarca, in un poscritto alla lettera che accompagna il dono del *Canzoniere* al Malatesta (*Sen.* XIII 11: su tale poscritto, e sulle tradizionali opinioni circa le forme Malatesta e Queriniana esiste ora un fondamentale e innovativo studio di Michele Feo), come semplicemente funzionale al suo modo di procedere, ch'è quello di recuperare i nuovi componimenti da vecchie carte, di correggerli e di aggiungerli in coda alle due sezioni (ma in ogni caso di qua dalla canzone alla Vergine, nella seconda parte, come Petrarca medesimo avverte), divise da alcuni fogli bianchi proprio per lasciare i *bona spatia* nei quali trascriverli. Di qui è nata l'ipotesi della provvisorietà di ogni esplicito segno di divisione, che diventerebbe superfluo nel momento in cui il *Canzoniere* fosse stato considerato compiuto, e non più suscettibile di aggiunte. Ma appunto: il *Canzoniere* come va considerato? Come un'opera ancora aperta, e interrotta solo dalla morte dell'autore, che avrebbe continuato ad aggiungere qualcosa (il che naturalmente vanificherebbe buona parte delle indagini sul *Canzoniere* di tipo numerologico, cioè intese a ritrovare il senso nascosto delle possibili corrispondenze numeriche)? O invece come un'opera chiusa, specie dopo ch'era stata raggiunta la cifra di 366 componimenti, nella quale alcuni studiosi hanno ravvisato almeno la basilare valenza simbolica offerta dalla corrispondenza con i giorni dell'anno: 365 più il sonetto proemiale (per esempio Contini e Foster: ma molto altro è stato aggiunto, dal valore del 3, numero perfetto, abbinato al doppio valore del 6 aprile, data dell'innamoramento e della morte di Laura, al fatto che si ottiene ancora 6 se si sommano le tre cifre: 15 = 1 più 5, ecc.)?

Le opinioni degli studiosi divergono, ma non c'è dubbio che le dichiarazioni in merito di Petrarca vadano nella prima direzione, quella che non sembra prevedere limiti alla crescita dell'opera. In ogni caso, va immediatamente chiarito che ipotetiche aggiunte non ne avrebbero affatto indebolito il carattere organico, ma avrebbero semmai confermato quell'intrigante dialettica tra una serie di frammenti tendenzialmente moltiplicabili all'infinito, e, dall'altra parte, la fortissima chiusura tanto strutturale quanto morale e ideologica che li contiene e li completa.

A tutto ciò è infine collegato un altro problema suscitato dalla divisione del *Canzoniere* in due parti: la divisione, infatti, contrariamente a quanto si potrebbe credere, non corrisponde esattamente al punto di passaggio dalle rime in vita a quelle in morte, perché la grande canzone 264, *I' vo pensando*, che apre la seconda parte, e i due sonetti che seguono, 265 e 266, vedono Laura ancora in vita, mentre il primo sonetto in morte è il 267, e il *planctus* vero e proprio è costituito dalla canzone 268 (di qui, è interessante osservare che l'edizione famosa di Carducci-Ferrari faceva cominciare la seconda parte appunto con il sonetto 267, *Oimè il bel viso*). Il fatto è stato spiegato con la volontà di Petrarca di non far immediatamente coincidere la propria crisi morale con un avvenimento esterno, per quanto decisivo, come quello della morte di Laura, e insomma di modulare quel passaggio con maggior sottigliezza, facendo perno su una canzone a tutti gli effetti centrale, vicinissima al *Secretum* per l'impianto riflessivo e autocritico e per la sostanza delle cose dette, che la morte imminente della donna amata non può che confermare. Tornando alla materiale evidenza della divisione, occorre ripetere che noi la incontriamo, sotto forma di un foglio bianco tra le due parti, già nella forma Chigi, e che essa continua poi sempre sotto forma di fogli bianchi lasciati apposta per permettere via via l'inserimento di altre liriche. Sì che in verità l'unico elemento certo sta nel fatto che Petrarca ha precocemente fatto della canzone 264 una sorta di perno attorno al quale far ruotare il *Canzoniere*, e in effetti la canzone per la sua densità di significati e il suo carattere di *summa* critica e autocritica guarda altrettanto bene indietro e avanti ed ha un posto affatto speciale nella delicata trama dell'opera, come più avanti si cercherà di mostrare. Così, la definizione delle due parti come in vita e in morte, accettabile e ormai acquisita nella tradizione e presumibilmente destinata a rimanere, non è del tutto esatta, e forse non corrisponde perfettamente alle intenzioni di Petrarca.

7. IL RACCONTO

Per illustrare la peculiare dimensione narrativa del *Canzoniere* abbiamo ricordato poco sopra la *Vita nova*, che tra i possibili antecedenti di Petrarca sempre più appare come un testo fondamentale. Non il solo, però, dal momento che molte altre opere sono state allegate al proposito: in ambito classico i *Libri* di Catullo e Properzio; in quello romanzo la raccolta del provenzale Guiraut Riquier, nella quale la donna amata muore e provoca così il pentimento del poeta che chiude con una finale preghiera alla Vergine; le poesie di Guittone d'Arezzo per i criteri complessivi di ordinamento e per l'inclusione in esso di una catena di ottantasei sonetti amorosi recentemente pubblicati con il titolo di *Canzoniere*;

l'analoga serie compresa nella raccolta di Niccolò de Rossi, ove similmente la donna muore.

Resta tuttavia che, fuori dalla *Vita nova*, non esiste nulla di comparabile al *Canzoniere* petrarchesco, che non è un ulteriore esempio di canzoniere-antologia, ma piuttosto un'opera unitaria dotata di un proprio senso specifico attribuitole da un autore che riflette su quanto ha fatto e lo ricompone secondo una gerarchia di valori e significati non sempre previsti o non determinanti o impliciti (la casistica è in verità assai intricata) quando i singoli pezzi erano stati composti. La cosa risulterà chiara se consideriamo il celeberrimo sonetto iniziale, *Voi ch'ascoltate in rime sparse il suono*, capace da solo di 'far canzoniere' e dunque destinato nei secoli seguenti ad essere riecheggiato nei sonetti d'apertura di tante altre raccolte:

> Voi ch'ascoltate in rime sparse il suono
> di quei sospiri ond'io nudriva 'l core
> in sul mio primo giovenile errore
> quand'era in parte altr'uom da quel ch'i' sono:
>
> del vario stile in ch'io piango et ragiono,
> fra le vane speranze e 'l van dolore,
> ove sia chi per prova intenda amore,
> spero trovar pietà, nonché perdono.
>
> Ma ben veggio or sì come al popol tutto
> favola fui gran tempo, onde sovente
> di me medesmo meco mi vergogno;
>
> et del mio vaneggiar vergogna è 'l frutto,
> e 'l pentérsi, e 'l conoscer chiaramente
> che quanto piace al mondo è breve sogno.

Moltissimo si può dire e moltissimo è stato detto, a cominciare dai grandi commentatori del Cinquecento e dal Castelvetro in particolare. Qui, ai nostri fini, osserviamo semplicemente come il sonetto sia tutto giocato sulla partitura temporale che oppone il passato del traviamento amoroso al presente della consapevolezza e del pentimento: in altri termini, le *rime sparse* che seguiranno sono presentate da questo introduttivo e postumo sonetto come l'irriflesso prodotto della passione, come *suoni* e *sospiri* tanto inconsistenti quanto le *speranze* e il *do-*

lore che li provocavano, mentre *ora* è l'autore per primo che *ben vede* e *conosce chiaramente* la colpevole inanità dei passati *vaneggiamenti* dei quali si *vergogna* e si *pente*, mentre tale tarda consapevolezza è appunto ciò che fa di lui un uomo in parte *diverso* rispetto a quello che era («quand'era in parte altr'uom da quel ch'i' sono»).

Bastano dunque queste parole a gettare una luce inquietante su tutte le liriche che seguono, fatte portatrici di una doppia verità: la verità originaria, quali testimonianze dirette e appassionate di un amore giovanile (il *giovenile errore*) in cui consiste tanta parte della vicenda esistenziale del personaggio/poeta, e la verità ultima, potremmo dire 'di secondo grado', che ha finito per illuminarle nel momento in cui il poeta medesimo se ne stacca e le giudica e le porge come esempio personalmente vissuto dell'amara sentenza finale, partorita dalla sua sofferta esperienza di vita: «quanto piace al mondo è breve sogno».

Tutto ciò implica che il *Canzoniere* si configuri come il percorso che dal *giovenile errore* approda alla matura verità di un uomo ch'è diventato capace di conoscersi e di proporsi quale protagonista di un'esperienza esemplare che muove dalla passione e approda alla consapevolezza della sua negatività. Naturalmente, il percorso non implica, nel caso, una progressione uniforme e coerente, ma piuttosto, in ordine ai frammenti dai quali il libro è composto, una sorta di dialettica franta e istantanea che attraversa momenti di condensazione e crisi di ritorno, e finisce per ricomporsi secondo un punto di vista esterno che ne smaschera l'implicita sostanza. In tal senso potremmo dire che le liriche, almeno sino a un certo punto dell'opera, sono leggibili in maniera antologica, come entità autonome, per ciò che dicono, e leggibili a contropelo, come parti di un *corpus* organico, per ciò che *non* dicono e da cui sono però sovradeterminate.

Ma un'ulteriore articolazione di tale discorso riguarda l'io lirico, portatore in prima persona di tale dialettica e garante della sua verità esistenziale. Lo stacco tra l'*allora* e l'*ora* che governa il primo sonetto non è meramente temporale, ma è immediatamente raddoppiato e propriamente sostanziato dallo stacco che separa il Petrarca di *allora* dal Petrarca di *ora*, sì che la percezione profonda del tempo finisce per coincidere con la percezione che l'io ha di se stesso *nel tempo*: dunque, della sua indiscutibile permanenza e insieme del suo altrettanto indiscutibile mutamento. Nel verso: «quand'era in parte altr'uom da quel ch'i' sono», quella precisazione: *in parte* ha uno spessore di significato affatto speciale, denunciando precisamente l'inestricabile paradosso dello sdoppiamento, per cui un poeta sempre uguale a se stesso è legittimato a parlare di sé solo perché in verità è mutato, e può dunque parlare di sé come altro da sé. Solo per questo egli è diventato, con formula giuridica, «idoneus testis in re sua», e cioè abilitato a rendere testimonianza credibile di ciò che lo riguarda. La doppia verità della poesia, insomma, altro non è che la doppia verità dell'io.

8. *I' VO PENSANDO*

Se il sonetto proemiale definisce una volta per tutte, *in limine*, quale sia la chiave di lettura unificante del *Canzoniere* (fondandone con ciò stesso l'essenziale nozione), la canzone 264, *I' vo pensando*, da sempre posta come snodo tra la prima e la seconda parte, s'incarica di rendere esplicita la fortissima e però irrisolta tensione conoscitiva e morale che si è andata accumulando per via, e insieme rilancia i nuovi contenuti che stanno emergendo e che, nel giro di appena due sonetti, troveranno la loro più ampia e definitiva verifica nella morte di Laura. In tal senso l'inattesa catastrofe si rivela anche e soprattutto come l'atteso dolente trionfo del principio di realtà in forza del quale «ciò che piace al mondo è breve sogno», con il quale la passione ha da subito ingaggiato uno scontro diretto e perdente. Così, e con varie approssimazioni, si può affermare che il posto che il *Secretum* ha all'interno dell'opera complessiva di Petrarca è occupato, all'interno del *Canzoniere*, da *I' vo pensando*, che, rivelando tempi di composizione assai prossimi, intrattiene rapporti strettissimi con il dialogo latino, così come con un altro grande testo, l'*Epystola* I 14, *A se stesso* (*Ad seipsum*).

Tutti questi testi sono stati scritti dal più al meno attorno agli anni '50: Laura è morta da non molto tempo e però, nel *Secretum* e nella canzone, è data come viva. Ma Petrarca la finge tale solo per poterne prefigurare la morte e per denunciare l'amore cieco ed esclusivo per una «mortal cosa» che in effetti sta andando incontro alla propria morte: sì che l'atteggiamento introspettivo e autocritico aggredisce prima di tutto la vanità disgregante e insomma l'immoralità di una passione in atto, non un fantasma per quanto ingombrante del passato. E questa, infine, è la ragione vera per la quale la parte in morte si apre con tre componimenti in vita, e per la quale nel *Secretum* e in *I' vo pensando* quasi con le stesse parole si condanna l'amore verso una creatura destinata a morire, e che in effetti di lì a poco morirà. Ma ancora, l'ingresso della canzone 264 nel *Canzoniere* «è indissolubilmente legato a quello del sonetto proemiale» (Santagata: che medesimo sia il tempo della composizione lo avevano stabilito una volta per tutte Chiòrboli e Wilkins), a sua volta composto nel 1350. *Tout se tient*, di nuovo, e fa un certo effetto cogliere Petrarca all'opera, mentre con il sonetto proemiale e con la canzone fissa l'impalcatura essenziale destinata a reggere la prima lunga arcata del *Canzoniere*: non esiste infatti miglior prova dell'organizzazione unitaria alla quale i frammenti del *Canzoniere* dovranno piegarsi del fatto che sin da principio egli componga e ponga nelle loro sedi definitive il testo che apre la prima e quello che apre la seconda parte.

I contenuti della canzone, come s'è detto, coincidono con quelli del *Secretum*. A quel punto, in anni nei quali Petrarca affronta una nuova stagione di vita, lascia la Francia per l'Italia e rimedita sul complesso delle opere sin lì composte, s'impone un esame di coscienza e dunque un bilancio dal quale il poeta dovrebbe ricavare la forza per un radicale mutamento di rotta ispirato a nuovi valori:

> I' vo pensando, et nel penser m'assale
> una pietà sì forte di me stesso
> che mi conduce spesso
> ad altro lagrimar ch'i' non soleva:
> ché, vedendo ogni giorno il fin più presso,
> mille fiate ò chieste a Dio quell'ale
> co le quai del mortale
> carcer nostro intelletto al ciel si leva
> (1-8)

L'amore con il suo *falso dolce fugitivo* è stato solo fonte di infelicità e *disonore* (la *vergogna* del sonetto premiale: e qui avanti, vv. 86-87: «Signor mio, ché non togli / omai dal volto mio questa vergogna?», e ancora vv. 122-123: «punge / vergogna»), e la bellezza di Laura non è stata niente più che una pallida immagine della bellezza e della perfezione celeste. Ma liberarsene pare impossibile, così come è insopprimibile l'altro amore, quello per la gloria, che «s'io l'occido più forte rinasce» (v. 62), anche se non è che vanità e *vento*. Così, chiuso tra questi scogli, legato a questi due *nodi*, il poeta è assolutamente lucido, consapevole del suo stato di alienazione. Ma anche se il tempo passa e non permette più di *patteggiar co la morte*, la scissione interiore e il blocco della volontà permangono, e su questa nota di disperazione la canzone si chiude, nel bellissimo congedo:

> Canzon, qui sono, ed ò 'l cor via più freddo
> de la paura che gelata neve,
> sentendomi perir senz'alcun dubbio:
> ché pur deliberando ò vòlto al subbio
> gran parte omai de la mia tela breve;

né mai peso fu greve
quanto quel ch'i' sostegno in tale stato:
ché co la morte a lato
cerco del viver mio novo consiglio,
et veggio 'l meglio, et al peggior m'appiglio.

Qui sono: non solo 'questa è la mia situazione attuale', ma, dinamicamente, 'a tanto sono arrivato' (Bettarini: 'a questo punto del conflitto e della non-risoluzione': ma una sfumatura ancora diversa può averla se si confronta con 128, *Italia mia*, v. 100: «Voi siete or qui; pensate a la partita»). Quando Petrarca scrive queste due parole, attorno al 1350, lo spazio tra il primo sonetto e la canzone 264 è tutto da definire: sarà di circa centoquaranta componimenti nel 1356-1358, al tempo della forma Correggio, e di centosettantaquattro nel 1363, al tempo della forma Chigi. Ma la canzone già è al suo posto, e quei componimenti arrivano un poco per volta, e si dispongono in ordine a chiudere la catena che stringe *Voi ch'ascoltate* a quel: *qui sono*.

9. L'ALTRO LAVORO E LA CANZONE 360

L'altra arcata, la seconda, che si diparte dalla canzone 264, quella in morte, trova più tardi, invece, la propria degna chiusura, con la canzone alla Vergine, 366, della quale è incerto il tempo di composizione che in ogni caso non dovrebbe precedere di molto la sua comparsa nel codice Vaticano, più o meno a cavallo del 1370. Il confronto tra le due parti è istruttivo. Prevedibilmente la prima, che comprende i testi della giovinezza, è più varia, aperta a occasioni diverse. Ci sono sonetti di corrispondenza (24, 131, 166, 179) e di circostanza (7-8, 10, 40, 58, 91, 92, 98, 103, 104, 120, 139, 238); alcuni testi d'intonazione amorosa forse non composti originariamente per Laura (52, 106); le invettive contro la curia papale di Avignone (136-138: ma vedi già 114), e altri testi di contenuto storico-politico, come il sonetto 27 e la canzone 28, *O aspectata in ciel beata et bella*, per la progettata crociata del 1333 (onde la data di composizione sarà di quell'anno o del successivo), e le altre due celebri canzoni 53, *Spirto gentil*, e 128, *Italia mia*.

Questi testi non hanno tuttavia il potere di rompere la coerenza del libro. Semmai, l'arricchiscono in direzioni diverse, sia perché spesso sono tematicamente legati alle rime amorose vere e proprie, sia perché definiscono la concreta dimensione storica dell'io del poeta e finiscono dunque per potenziare in maniera straordinaria l'effetto di realtà della vicenda amorosa. Nell'equilibrio del *Canzoniere* non è insomma secondario far sapere *chi sia* l'innamorato, evitandone una rappresentazione appiattita sui caratteri topici dell'amante infelice, e mostrando per contro com'egli sia pure l'amico, l'uomo pubblico, l'intellettuale, il moralista, il politico ecc. cose tutte che hanno la funzione dialettica di conferire enorme rilievo alla scelta amorosa, esaltandone il senso e l'importanza entro la vita di un protagonista siffatto. Da questo punto di vista, non è esagerato affermare che uno dei caratteri nuovi del *Canzoniere* nei confronti della tradizione precedente – un carattere ch'è sostanza della sua speciale organicità – è appunto quello di dar corpo a un'immagine alta e complessa di Petrarca medesimo che, sia pure in forme particolari, entra nel *Canzoniere* tutt'intero, e tutt'intero vi agisce.

Consideriamo in questa luce la canzone 360, *Quel'antiquo mio dolce empio signore*. Essa ha suscitato e continua a suscitare varie perplessità, che si sono espresse anche attraverso le varie ipotesi di datazione, che vanno dal 1342-1343 addirittura al 1366. Quel che non finisce di stupire è trovare a questo punto del *Canzoniere*, a ridosso della finale canzone alla Vergine, un testo che non ha nulla di penitenziale, nulla che abbia a che fare con il pensiero della morte e con quella trascendenza nella quale Laura abita e dalla quale chiama a sé il vecchio poeta. Vi si svolge invece un ampio dibattito tra il poeta (stanze 1-5) e Amore (stanze 6-10) dinanzi al tribunale della Ragione: il poeta accusa Amore di avergli rovinato la vita condannandolo all'infelicità e spegnendo le doti naturali con le quali sarebbe stato in grado di sollevarsi *alto da terra*; Amore ribatte con violenza che la verità è tutt'altra: per merito suo il poeta è scampato al destino di diventare un inetto, disprezzabile poeta cortigiano, «un roco / mormorador di corti, un huom del vulgo», ed è invece diventato famoso tra un eletto pubblico di donne e cavalieri che amano le sue poesie, ed ha avuto l'eccezionale possibilità di nobilitare se stesso alla luce della bellezza e della perfezione di Laura. Quanto poi all'accusa precisa: «[*Amore*] m'à fatto men amare Dio / ch'i' non deveva, et men curar me stesso», Amore ribatte che ciò è vero solo in parte, e che in ogni caso la responsabilità di ciò è semmai tutta del protagonista, non di Laura. Addirittura, in quanto «scala al Fattor» (v. 139), questo amore poteva aprirgli la via a un percorso di redenzione rispetto alle basse realtà mondane, come egli stesso ha dovuto *alcuna volta* riconoscere, e non vale dunque che ora lo rinneghi, rinnegando con ciò stesso una donna ch'è stata l'unico concreto modello di perfezione al quale la sua vita altrimenti incerta e debole s'è potuta appoggiare.

A questo punto, nel congedo, la Ragione è invitata a pronunciarsi, ma:

> Ella allor sorridendo:
> – Piacemi aver vostre questioni udite,
> ma più tempo bisogna a tanta lite.

Così termina la canzone, e tutto ciò, va ridetto, è abbastanza curioso, perché ancora una volta, e proprio in vista della fine del *Canzoniere*, Petrarca rimescola con spregiudicatezza le carte, e a un atteggiamento di contrizione pare sostituire un atteggiamento di sostanziale rivendicazione e di fedeltà alla propria storia, non privo d'un filo di oraziana e (apparentemente) inopportuna ironia (per la formula finale, con Virgilio, *Ecl.* III 108, vedi infatti anche *Ars poet.* 78, citato da Petrarca nella prefazione al libro II del *De remediis*). Non cercheremo però di risolvere qui il problema, che nasce dalla particolare collocazione della canzone. Ma si potrà almeno dire (qualche altra ipotesi complementare la si farà più avanti) che la battuta finale della Ragione vuol implicitamente denunciare il fatto che le due opposte versioni, quella del poeta e quella di Amore, sono facce della stessa medaglia, e le rispettive verità non solo non s'oppongono una all'altra ma sono una verità sola: la ricca, contraddittoria, altalenante verità di una vita che appunto così, una volta per tutte, è stata, sì che voler distinguere alla luce di un *se* affatto astratto e impossibile ('cosa sarebbe stato di me, *se* non avessi amato Laura? sarebbe stato meglio? sarebbe stato peggio?') è cosa della quale la Ragione non può, giustamente, che sorridere.

C'è tuttavia un'altra cosa da dire ripigliando, dopo il troppo sommario riassunto della canzone, il motivo d'avvio. Ci si interroghi quanto si vuole, ma si riconosca che la canzone costituisce a tutti gli effetti l'approdo coerente e conclusivo di una delle linee di forza del *Canzoniere*: quella che poco sopra abbiamo detto esser rappresentata dalla dimensione storica del personaggio, alla quale spetta di dare rilievo concretamente drammatico alla sua scelta e dedizione amorosa, alla quale altre possibili scelte sono state sacrificate (quanto alla funzione conclusiva, non sarà casuale la corrispondenza per cui solo questa canzone e la vicina canzone alla Vergine sono composte di ben dieci stanze). Leggiamo, per cominciare, il sonetto 40, *S'Amore o Morte non dà qualche stroppio*, con il quale Petrarca probabilmente chiede a un Colonna il manoscritto con le storie di Livio (l'attuale Parigino latino 5690), sì da poterlo utilizzare per l'*Africa* e il *De viris*: ebbene, già qui, nel 1338-1339, Petrarca trova modo di sottolineare l'importanza delle promesse opere latine, il *lavoro* al quale si contrappone, incompatibile, l'amore. Nel sonetto 93, *Più volte Amor m'avea già detto: Scrivi*, è Amore in prima persona che dice al poeta: «di man mi ti tolse altro lavoro; / ma già ti raggiuns'io mentre fuggivi», puntando di nuovo sulla dicotomia che si è instaurata tra l'*altro lavoro*, e le rime amorose che Amore gli impone di scrivere. A una realtà siffatta Petrarca allude ancora nel sonetto 190, *Una candida cerva sopra l'erba*: una *candida cerva* per seguire la quale «i' lasciai per seguirla ogni lavoro», cioè gli studi e le opere latine, e tale motivo si prolunga nella seconda parte del *Canzoniere*, nel sonetto 322, *Mai non vedranno le mie luci asciutte*, nel quale rispondendo a un sonetto di Giacomo Colonna, frattanto morto nel 1341, lamenta di non aver potuto mostrargli «di mie tenere frondi altro lavoro», cioè un *lavoro* ben più importante del *Canzoniere*, qual era l'*Africa*.

Sin qui abbiamo inseguito le occorrenze del termine *lavoro*, che nel *Canzoniere* designa l'*altra* opera, quella diversa e opposta che dà corpo a un'ipotesi di vita alternativa, libera dalla tirannia d'Amore che inchioda il poeta ai tormenti della passione e lo distoglie da compiti più degni. Ma tale alternativa torna anche altrove: per non fare che un esempio nel sonetto 24, *Se l'onorata fronde che prescrive*, nel quale, rispondendo per le rime a Stramazzo da Perugia, Petrarca piange il fatto, sofferto come una vera *ingiuria*, che proprio Laura gli impedisca di conseguire l'alloro poetico al quale può degnamente aspirare chi scriva in latino e si dimostri così vero amico delle Muse e di Minerva, dea della sapienza.

Quello della scelta continuamente frustrata di un *altro lavoro* meritevole di maggior gloria è insomma una sorta di polo dialettico che accompagna lo sviluppo del *Canzoniere*, opponendo ai condizionamenti della passione amorosa l'intermittente miraggio della libertà e di una superiore realizzazione personale. Né questo polo va da solo: esso si compone infatti con l'altro, più rigorosamente penitenziale, al quale, con altri, dà voce il sonetto 62, d'anniversario (l'undecimo, e dunque il venerdì santo del 1338):

> Padre del ciel, dopo i perduti giorni,
> dopo le notti vaneggiando spese
> con quel fero desio ch'al cor s'accese
> mirando gli atti per mio mal sì adorni,
>
> piacciati omai, col Tuo lume, ch'io torni
> ad altra vita et a più belle imprese,
> sì ch'avendo le reti indarno tese,
> il mio duro adversario se ne scorni.

> Or volge, Signor mio, l'undecimo anno
> ch'i' fuoi sommesso al dispietato giogo
> che sopra i più soggetti è più feroce:
>
> *miserere* del mio non degno affanno;
> reduci i pensier' vaghi a miglior luogo;
> ramenta lor come oggi fusti in croce.

Si osservino qui l'*altra vita*, le *più belle imprese*, il *miglior luogo*: con inflessione più decisamente cristiana e in spirito di contrizione, ecco dunque che le rime amorose sono di nuovo immerse in quella prospettiva straniata che le condanna in nome di un'indefinita e migliore *altra* possibilità. Che è poi, ambiguamente, sia quella tutta morale di una vita meno esposta ai drammi e alle lacerazioni della passione, e dunque fondata su saldi imperativi etici e religiosi, sia quella letteraria delle opere latine alle quali Petrarca affida la propria fama di grande poeta epico e storico e moralista.

CAPITOLO 4

Il *Canzoniere*: temi e contenuti

1. LE CANZONI POLITICHE

Una possibilità siffatta, in tutto lo spettro dei suoi significati, vive anche in ciò che sta dentro il corpo stesso del *Canzoniere*, perché è indubbio che le tre grandi canzoni moral-politiche finiscono per dare al personaggio uno spicco tutto particolare mostrando, *in re*, che l'amante frustrato e spossessato di sé dall'amore e il penitente perplesso che chiede aiuto alla fede per uscire dalle proprie crisi non è diverso da quello che mobilita tutta l'eloquenza e la forza di *indignatio* dell'intellettuale di razza per incitare alla crociata promessa da Filippo VI di Valois e indetta da Giovanni XXII (28, *O aspectata in ciel*), e per invocare la resurrezione di Roma (53, *Spirto gentil*) e dell'Italia tutta (128, *Italia mia*), erede dell'antica grandezza nel segno della pace e del buon governo.

È chiara la linea di sviluppo che porta dalle invocazioni ai due magnanimi (forse Giacomo Colonna nella canzone 28; forse Bosone da Gubbio nella canzone 53) alla piena affermazione della voce giudicante del poeta. Il quale, nella canzone per la crociata, insinua nel congedo il motivo della contraddizione tra l'amore che trattiene lui di qua dalle Alpi e il diverso amore che muove il destinatario, la cui *barca* «al cieco mondo à già volte le spalle» essendo la sua anima «de' lacci antichi sciolta» (vv. 8 e 13), e torna dunque a tingere le proprie rime amorose di un'implicita ma chiara connotazione negativa. Il punto non sta tuttavia nella contrapposizione in sé, ma piuttosto nel fatto che è pur sempre il poeta stesso, tuttavia prigioniero di quei *lacci*, a dar voce così eloquente all'*altro* amore, quello integralmente virtuoso, ed a farsene testimone, sì da generare un forte dinamismo interno che in un fitto gioco di specchi moltiplica le dimensioni e le possibili realizzazioni dell'io.

In *Spirto gentil* le cose sono alquanto diverse. Se nella canzone precedente Petrarca esorta a una crociata che resta, soggettivamente e oggettivamente, fuori dalla sua portata, in questa per contro egli è personalmente coinvolto, da protagonista ideale se non di fatto. La miseria, il degrado in cui Roma è precipitata e l'urgenza di un riscatto è il precoce tema portante di tutto il Petrarca politico, che qui si pone al centro del discorso e detta allo sconosciuto, pur all'ombra di altissimi elogi, quello che dovrà fare. Quella *recusatio* negativamente connotata (un *altro* amore mi trattiene, e *altre* rime...) qui non ha luogo, e semmai emerge la funzione attiva, risvegliante, che l'intervento del poeta vuole avere:

> Che s'aspetti non so, né che s'agogni,
> Italia, che suoi guai non par che senta:
> vecchia, otïosa et lenta,
> dormirà sempre, et non fia chi la svegli?
> Le man' l'avess'io avolto entr' capegli!
> (vv. 10-14)

In *O aspectata in ciel*, 70-71, erano le parole del Colonna a dover svegliare l'«Italia co' suoi figli»: ora, sono quelle del poeta che passa a rievocare le antiche mura di Roma «ch'ancor teme et ama / et trema 'l mondo» e gli Scipioni e Bruto e Fabrizio, certo che «Roma mia sarà anchor bella», ed è appunto in nome della storica, passata grandezza di Roma che l'intellettuale Petrarca scende in campo e le dà voce, dinanzi al nuovo reggitore, quale esso sia.

In *Italia mia*, invece, non è più questione di altri personaggi ai quali tocca di mediare tra le parole del poeta e i fatti. Ora la voce di Petrarca occupa solitaria la scena e assume su di sé tutto il peso e la responsabilità di una testimonianza storica e morale che nessun altro riesce a portare, sì che l'io del poeta acquista per la prima volta un così potente risalto profetico. Attraverso di lui è Iddio stesso che parla:

> e i cor', che 'ndura et serra
> Marte superbo et fero,
> apri Tu, Padre, e 'ntenerisci et snoda;
> ivi fa' che 'l Tuo vero,
> qual io mi sia, per la mia lingua s'oda
> (vv. 12-16)

All'ombra di una simile invocazione, risuonano nella canzone gli stessi accenti con i quali, abbiamo visto, Petrarca si presentava sul confine di due popoli, nell'atto di guardare contemporaneamente innanzi e dietro, e dunque capace di segnare, da solo, l'immanente necessità di un riscatto epocale: là culturale, qui politico e militare, reciprocamente causa ed effetto uno dell'altro. Ma non è tutto, perché il fascino della canzone sta probabilmente nella combinazione di due motivi che Petrarca sa intrecciare benissimo attraverso un'eloquenza semplice e diretta di grande effetto: il motivo del riscatto, appunto, che si fonda sul mito di Roma guerriera e dominatrice e sulle vittorie di Mario e Cesare, e il motivo diverso, diremmo virgiliano, dell'amore per il suolo natìo, della naturale *pietas* che anima i buoni e gli innocenti legati da un rapporto affatto naturale e intimamente religioso con la loro terra, e però vittime di una violenza estranea e irrazionale:

> Non è questo 'l terren ch'i' toccai pria?
> Non è questo il mio nido
> ove nudrito fui sì dolcemente?
> Non è questa la patria in ch'io mi fido,
> madre benigna et pia,
> che copre l'un et l'altro mio parente?
> Perdio, questo la mente
> talor vi mova, et con pietà guardate
> le lagrime del popol doloroso
> che sol da voi riposo
> dopo Dio spera [...]
> (vv. 81-91)

Ma i due motivi appunto s'intrecciano e infine si saldano, e proprio la strofa appena citata torna in fine, splendidamente, all'altro, quello della riscossa, che s'è per via arricchito di risonanze speciali, meno militari che morali, ora che la naturale *religio* del popolo italico nella sua aspirazione alla pace s'è fatta sostanza della sua virtù. Basta poco, dunque: basta che i signori italiani ristabiliscano un rapporto reale con i loro popoli perché finalmente tutto cambi. Allora:

> Vertù contro a furore
> prenderà l'arme, et fia 'l combatter corto,
> ché l'antiquo valore
> ne l'italici cor' non è anchor morto.
> (vv. 93-96)

È giusto ricordare, a questo punto, che Machiavelli meglio di tutti ha inteso e sviluppato con coerenza l'utopico messaggio della canzone, e che ha chiuso il *Principe* con i versi appena citati, che non costituiscono una sorta di finale svolazzo retorico, per quanto sublime, ma piuttosto la chiave di volta del suo discorso. Nelle sue linee generali l'analisi del segretario fiorentino non è poi molto diversa da quella di Petrarca e, nel *Principe*, l'appello alla riscossa risuona intatto, per tacere poi della puntuale polemica contro l'uso delle milizie mercenarie e la 'barbarie' straniera – il *furor teutonicus* – che conferisce un peso tutto speciale alla più famosa e bella canzone patriottica della nostra letteratura. È anche vero, d'altra parte, che proprio il richiamo a Machiavelli ci mette sulla via per cogliere la serietà e la forza di *Italia mia*, ma anche per definire l'ambito tutto ideale del suo patriottismo che non ha, e per la verità non cerca, il minimo ancoraggio in concrete situazioni o controparti politiche.

Ciò ci fa ravvisare in Petrarca il modello già compiuto di quell'utopico patriottismo italiano costretto per secoli a convivere con una realtà assolutamente refrattaria e dunque costretto a rifugiarsi con più o meno d'intelligenza e sensibilità, in ogni caso altissime in Petrarca, nella sfera trans-politica della sublimazione culturale ed estetica. Ma quelle canzoni hanno pur fondato «s'intenda letterariamente, sulla base della romanità, la secolare nozione di nazionalità italiana (di qui l'entusiasmo del Leopardi e del Carducci, la giusta riserva del De Sanctis)» (Contini), mentre grande è l'effetto di rimbalzo che esse hanno sulle altre liriche del *Canzoniere*, quale squarcio che fora, per dir così, il piano amoroso e apre una prospettiva diversa e però complementare che finemente collabora all'inquietante *mise en abîme* che ogni singolo componimento realizza nel momento in cui ripropone e concentra nelle sue brevi misure la dialettica che anima l'intero *Canzoniere*.

2. L'AMORE

Dopo questa lunga premessa arriviamo finalmente al punto. Di là dalle esplicite o implicite istruzioni di lettura e dalla prospettiva generale entro la quale dispone i suoi frammenti, il *Canzoniere* è innanzi tutto un canzoniere amoroso, e proprio come tale ha esercitato un'influenza decisiva su tutta la successiva poesia europea, fornendo ad essa il tratto unificante che le ha permesso il salto verso la modernità. In secondo luogo, l'amore del quale Petrarca parla è quell'insieme di pulsioni erotiche e tensioni sentimentali e ideali che egli stesso ha sperimentato e alle quali affida l'intricata verità psicologica del suo lungo racconto.

La precisazione può apparire banale, ma non è così. Essa segnala infatti che in Petrarca l'amore è l'esperienza strettamente personale dell'amore, non la sua spiegazione o teoria, tant'è che in lui manca precisamente ciò che caratterizzava il discorso amoroso di Dante, cioè l'esigenza di iscrivere e sublimare l'esperienza personale all'interno di una visione generale e trascendente del fenomeno: dal giovanile amore per Beatrice all'amore quale vita e anima del creato in tutte le sue forme, all'amore quale essenza del divino «che move il sole e l'altre stelle». Niente di tutto ciò in Petrarca, appunto, ma solo gli intimi percorsi e rovelli ed esaltazioni della passione, e per contro il pregnante appello del primo sonetto rivolto a «chi per prova intenda amore».

Il motivo è per la verità tradizionale, almeno a partire dal *De amore* di Andrea Cappellano, per il quale l'amore non si può conoscere *nisi experimento*, e poi per esempio in Brunetto Latini, *Tesoretto* 2374-2375: «che la forza d'amare / non sa chi no·lla prova» e in Francesco da Barberino, *Reggimento e costumi di donna* V, ed. Sansone, Roma 1995, p. 69: «chi prova amor sa ch'esto scritto dice, / e chi nol prova non vo' che lo 'ntenda». Tra tante attestazioni due sono tuttavia specialmente note: quella di Dante, son. *Tanto gentile* 11: «che 'ntender no·lla può chi no·lla prova», detto del sentimento d'intima *dolcezza* che la vista di Beatrice provoca, e quella di Cavalcanti nella canzone *Donna me prega* 53: «imaginar nol pote om che nol prova». Esse, anche se sono comunemente affiancate nei vari commenti ai testi relativi, dicono in verità cose diverse, e soprattutto danno origine a linee di sviluppo profondamente divergenti. In Dante, per cominciare, quella che si prova è una *dolcezza* che sarà pure assimilabile all'amore *tout court*, ma per il momento ne costituisce piuttosto una delle premesse, e soprattutto tale dolcezza è indissolubilmente legata alla sublimità dell'oggetto che la provoca: Beatrice, e vale a dire che chi non ha il privilegio di vedere lei, unica donna ad esserne compiutamente degna, non saprà mai che cosa sia il vero amore. In Cavalcanti, invece, quel *provare* è strettamente inerente alla natura di amore così come l'uomo la sperimenta, non importa per chi: a rigore, uno stato del soggetto e dunque una passione che può e deve essere analizzata di per sé, in relativa indipendenza dalle eventuali qualità dell'oggetto che la provoca, che infatti esulano dal tema che la sua grande canzone teorica tratta da un punto di vista rigorosamente speculativo.

Il discorso sarebbe lungo e complesso, ma qui può essere sintetizzato nel fatto che in Dante, con le sue parole, l'esperienza d'amore è un fatto di ragione alto, innervato in un *iter* di perfezione intellettuale che muove e approda al possesso tutto mentale di un archetipo sublime (scrive nella *Vita nova* 1, 10 ed. Gorni/II 9 ed. Barbi, che l'immagine di Beatrice lo dominava, ma «nulla volta sofferse che Amore mi reggesse sanza lo fedele consiglio della Ragione»), mentre in Cavalcanti, all'opposto, l'amore è un fenomeno basso nel senso che altro non è che una passione sensibile nel pieno senso etimologico del termine, un accidente che resta irriducibile a qualsiasi tentativo di razionalizzazione e dunque di spiegazione (Dino del Garbo ripete spesso nel suo commento alla canzone di Cavalcanti che l'amore è una passione dell'animo come tutte le altre: «sicut sunt ira, tristitia, timor, amor et similia accidentia»). A chiarimento ulteriore, potremmo dire che l'amore *non è* la sua spiegazione, allo stesso modo che un medico può descrivere e spiegare benissimo gli effetti di un trauma fisico senza averlo mai provato, mentre la verità del dolore appartiene tutta e solo a chi, anche senza nulla sapere, lo prova.

Anche da questi pochi cenni apparirà che l'amore di Petrarca non è quello legato all'esercizio della ragione e intrinsecamente virtuoso che lo stilnovismo dantesco gli consegnava. Piuttosto, è l'amore come lo intende Cavalcanti, la cui ideologia amorosa è tutt'affatto diversa da quella che comunemente s'attribuisce allo stilnovismo: una passione disgregante, distruttrice, che proprio perché irrazionale mina nel profondo l'identità del soggetto e la consegna al transeunte, all'occasione, alla dispersione di sé e infine alla morte. Per questo Petrarca già è stato indicato come colui che in effetti smaschera le mitizzazioni di tipo stilnovista e le rimette brutalmente con i piedi per terra riconducendo l'amore alla sua vera natura di desiderio erotico: ciò che *Augustinus* fa, con particolare durezza, nel terzo libro del *Secretum*, là dove esorta *Franciscus* a rinunciare all'avvilente amore per Laura.

Ma ciò non basta, ché in Petrarca ogni cosa va sempre assieme al suo contrario. Cavalcanti è assai coerente nell'analizzare gli effetti dell'amore e la sua dimensione esclusivamente personale, quale condizione psicologica che nasce e muore nel chiuso del soggetto che ne soffre, e nel deprimere per contro, specie nella sua canzone teorica, l'importanza dell'oggetto che suscita la passione. In altri termini, ciascuno può innamorarsi di chiunque, e proprio questa assoluta arbitrarietà, basata sul fatto incontestabile che non esiste nulla che sia di per sé, *erga omnes* (ma lo era Beatrice, per Dante), oggetto obbligato d'amore, fa dell'amore un fatto eminentemente irrazionale, al limite del casuale. Ora, Petrarca è, per dirla alla grossa, sdoppiato: è cavalcantiano nell'analizzare in chiave moralmente negativa l'amore così come egli lo prova (il suo non è tanto, dunque, un Cavalcanti laico e speculativo, ma semmai, se si può osare, un Cavalcanti cristianizzato), ed è però almeno vicino allo stilnovismo di Dante nel caricare la figura della donna di eccelse virtù e bellezze. Con un evidente principio di contraddizione che ha qua e là qualche spia (*Augustinus* nel *Secretum* definisce 'donnicciola' una Laura addirittura 'sfigurata dai molti parti'), e che fomenta una dialettica fitta e inesauribile: infatti, il modello di una Laura tanto virtuosa e superiore ch'è impossibile non amare si scontra precisamente con la denuncia della negatività dell'amore che essa stessa suscita, che si risolve in dolore, infelicità e disgregazione morale. Questo principio di contraddizione anima la dialettica di tanta parte del *Canzoniere*, creando una forte tensione e una sorta di polarizzazione dei ruoli che sempre più allontana l'amante dall'amata. Paradossalmente, proprio l'amore che il poeta prova per Laura costituisce la colpa che lo divide da lei, nella forma di un desiderio che appartiene in tutto e per tutto al soggetto e non crea nella donna alcuna forma di obbligazione reciproca, ma semmai provoca, al contrario, il rifiuto dell'esplicito ricatto sentimentale al quale è sottoposta (c'è qualcosa di tutto ciò nella prima parte dell'*Aminta* del Tasso).

La linea tendenziale di ricomposizione di una tale contraddizione si sviluppa lentamente e con eccezionale finezza di sfumature, e finisce per dare corpo a una Laura ch'è oggetto d'amore, sì, ma sempre più e indissolubilmente anche modello al quale uniformarsi, oggetto di emulazione oltre che di amore: o meglio, sublime oggetto d'amore in quanto sublime oggetto d'emulazione. Un siffatto percorso per *fragmenta* da un amore/desiderio a un amore/emulazione può costituire di per sé un buon riassunto della trama del racconto, quando si precisi che l'emulazione della virtù di lei consiste innanzi tutto nel saper amare senza perdere se stessi, e dunque nel mito della rinuncia all'amore in nome di uno stile di vita nel quale la passione non sia spenta ma liberata dal desiderio, purificata.

Il punto d'arrivo è ben sottolineato negli sviluppi delle rime in morte e nei *Trionfi*, ove Petrarca fa che Laura riconosca d'aver ricambiato l'amore di Petrarca mantenendolo però segreto, e sottomettendolo a un principio superiore (*Tr. Mortis* II 102: «voglia in me ragion già mai non vinse», e più avanti, 139-141: «Fur quasi eguali in noi fiamme amorose, / almen poi ch'i' m'avidi del tuo foco; / ma l'un le palesò, l'altro l'ascose»), senza intaccare la sua letizia e perfezione spirituale, a differenza del poeta che si è invece consegnato al meccanismo distruttivo del desiderio e alle sue inevitabilmente pubbliche e vergognose manifestazioni. Per questo, dunque, *dopo la morte*, l'amore diventa finalmente possibile e ricambiato, e culmina, attraverso il mito del ricongiungimento con lei in cielo, nella rilettura del passato animato dal sogno infranto di un possibile rapporto senile. A questa altezza del *Canzoniere* e nei *Trionfi* l'amore, insomma, prende i colori infinitamente nostalgici di un'amicizia mai goduta e però, con sublime contraddizione, perduta, nella cornice di un proposito di emulazione che finisce per contemplarne la salvaguardia entro una prospettiva metafisica che culmina in una beatitudine celeste che sarà pur sempre la vicinanza di Laura a garantire.

3. AMORE E DESIDERIO

Alla luce di questa sommaria introduzione, fermiamoci in maniera un poco più analitica sul *Canzoniere*. Ripercorrendo, per esempio, le ragioni che rendono così negativo l'amore. Innanzi tutto, va subito detto, la responsabilità della condanna spetta in gran parte alla pulsione di natura esplicitamente erotica. E in effetti, attraverso le sublimazioni di un linguaggio che conosce le più eleganti sfumature dell'allusività, Petrarca è un grande poeta erotico e dunque un grande *voyeur*, per l'intensità e la precisione delle immagini, la loro tensione, l'ardore represso ecc. Tutto ciò, tuttavia, solo eccezionalmente erompe in maniera diretta, per esempio nella sestina 22, 31-39 (ricordiamo che la forma metrica della sestina era stata riservata, da Arnaldo Daniello al Dante delle rime petrose, alla feticistica fissità del desiderio affidata all'ossessivo ritorno delle medesime parole-rima), attraverso un motivo già latino e poi topico delle albe provenzali sul quale Petrarca gioca anche, per esempio nel sonetto 255, *La sera desiare, odiar l'aurora*. Ecco l'ultima stanza e il congedo della sestina:

> Con lei foss'io da che si parte il sole,
> et non ci vedess'altri che le stelle,
> sol una nocte, et mai non fosse l'alba;
> et non se transformasse in verde selva
> per uscirmi di braccia, come il giorno
> ch'Apollo la seguia qua giù per terra.
>
> Ma io sarò sotterra in secca selva
> e 'l giorno andrà pien di minute stelle
> prima ch'a sì dolce alba arrivi il sole.

Un analogo «scatto sensuale» (Santagata) si riproporrà nell'ultima stanza della sestina 237, 31-36, con ricorso questa volta al mito della Luna ed Endimione, anziché a quello, pervasivo di tutto il *Canzoniere*, di Apollo e Dafne:

> Deh or foss'io col vago de la luna
> adormentato in qua' che verdi boschi,
> et questa ch'anzi vespro a me fa sera,
> con essa et con Amor in quella piaggia
> sola venisse a starsi ivi una notte,
> e 'l dì si stesse e 'l sol sempre ne l'onde.

Ma di là da queste espressioni tradizionali rivisitate in forme squisite la pulsione erotica raggiunge il proprio acme nel momento estatico della contemplazione, e nei suoi tremori e nella sua opprimente dolcezza. Come nel sonetto 198:

> L'aura soave al sole spiega et vibra
> l'auro ch'Amor di sua man fila et tesse
> là da' belli occhi, et de le chiome stesse
> lega 'l cor lasso, e i lievi spirti cribra.
>
> Non ò medolla in osso, o sangue in fibra,
> ch'i' non senta tremar, pur ch'i' m'appresse
> dove è chi morte et vita inseme, spesse
> volte, in frale bilancia appende et libra,
>
> vedendo ardere i lumi ond'io m'accendo,
> et folgorare i nodi ond'io son preso,
> or su l'omero dextro et or sul manco.
>
> I' nol posso ridir, ché nol comprendo:
> da ta' due luci è l'intellecto offeso,
> et di tanta dolcezza oppresso et stanco.

Si osservi come il consueto gioco *l'aura / l'auro* (= *Laura*) in questo sonetto ch'è «una sintesi del tema occhi-chiome» (Bettarini) e fa parte della serie dell'*aura*, perda subito, se mai l'aveva avuto, il carattere di frigida acutezza e sia invece il varco aperto allo splendore infinitamente seducente dei capelli di lei, pari a quello degli occhi, e alla frustrante sfatta *dolcezza* nella quale si risolve il tremito che invade il corpo e sembra annunciare la morte (per siffatta struggente *dolcezza* si veda, per fare solo qualche esempio, 71, 78; 72, 43; 73, 73, 8; 167, 9; 221, 12...). La chioma sparsa dal vento sulle spalle di Laura è qui, forse più degli occhi, l'elemento fisico dell'attrazione, il *nodo* che lega il poeta, come già nel più celebre sonetto 90:

> Erano i capei d'oro a l'aura sparsi
> che 'n mille dolci nodi gli avolgea,
> e 'l vago lume oltra misura ardea
> di quei begli occhi ch'or ne son sì scarsi;
>
> e 'l viso di pietosi color' farsi,
> non so se vero o falso, mi parea:
> i' che l'ésca amorosa al petto avea,
> qual meraviglia se di subito arsi?
>
> Non era l'andar suo cosa mortale,
> ma d'angelica forma, et le parole
> sonavan altro che pur voce humana:
>
> uno spirto celeste, un vivo sole
> fu quel ch'i' vidi: et se non fosse or tale,
> piagha per allentar d'arco non sana.

Su questo sonetto torneremo poco avanti: ma si dica intanto che sull'onda decisiva di Virgilio, *Aen.* I 318-319, ove Venere cacciatrice armata dell'arco lascia i suoi capelli liberi al vento, e di Ovidio, *Met.* I 529, ove similmente Dafne che fugge «levis impulsos retro dabat aura capillos», questo della chioma mossa dal vento è un motivo ricorrente, che finemente associa un'immagine tutta fisica di movimento e libertà a quella opposta del rapimento estatico al quale la memoria è inchiodata, e che blocca e sfinisce il poeta. Di nuovo si veda, nel loro contesto, almeno 127, 82-84: «torna a la mente il loco / e 'l primo dì ch'i' vidi a l'aura sparsi / i capei d'oro, ond'io sì subito arsi»; 143, 9: «Le chiome a l'aura sparse, et lei conversa / indietro veggio»; 159, 5-6: «Qual nimpha in fonti, in selve mai qual dea, / chiome d'oro sì fino a l'aura sciolse»; 246, 1-2: «L'aura che 'l verde lauro et l'aureo crine / soavemente sospirando move»; 270, 59: «[*Amore*] spargi co le tue man' le chiome al vento» ecc.

E, più estesamente, per la pungente attualità del ricordo di Laura che si acconcia i capelli, vedi il sonetto 196, *L'aura serena che fra verdi fronde*, comunemente inteso come il generatore della serie dell'*aura*. E le quartine del sonetto 227, ove si noti la bella, rivelatrice variazione per la quale sono le chiome di Laura, dotate di vita propria e generatrici di vita, a comunicare il loro flessuoso, *soave* movimento all'*aura*:

> Aura che quelle chiome bionde et crespe
> cercondi et movi, et se' mossa da loro
> soavemente, et spargi quel dolce oro,
> et poi raccogli, e 'n bei nodi il rincrespe,
>
> tu stai nelli occhi ond'amorose vespe
> mi pungon sì, che 'nfin qua sento et ploro,
> et vacillando cerco il mio thesoro
> come animal che spesso adombre e 'ncespe.

Immediatamente successivo alla serie dell'*aura* è il breve ciclo dei 'sonetti del guanto', 199-201, nei quali la *bella ignuda mano* di Laura concentra su di sé il fuoco del desiderio, e il guanto diventa l'oggetto-feticcio della frustrazione erotica, la *spoglia* che l'amante per un attimo riesce a possedere. E questo della nudità e dell'autentico brivido amoroso che ne accompagna la vista è un motivo che torna in forme assai galanti ed eleganti nel primo dei madrigali, 52, che muove dal mito di Atteone:

> Non al suo amante più Diana piacque,
> quando per tal ventura tutta ignuda
> la vide in mezzo de le gelide acque,
>
> ch'a me la pastorella alpestra et cruda
> posta a bagnar un leggiadretto velo
> ch'a l'aura il vago et biondo capel chiuda,
>
> tal che mi fece, or quand'egli arde 'l cielo,
> tutto tremar d'un amoroso gielo.

E si vada, di qui, alla canzone delle metamorfosi, 23, 147 ss., ove Petrarca si rappresenta appunto come un nuovo Atteone mutato in cervo dalla donna:

> I' seguì' tanto avanti il mio desire
> ch'un dì cacciando sì com'io solea
> mi mossi; e quella fera bella et cruda
> in una fonte ignuda
> si stava, quando il sol più forte ardea.
> Io, perché d'altra vista non m'appago,
> stetti a mirarla
> [...]

Di nuovo, come nel madrigale, è mezzogiorno, cioè l'ora topica della sensualità, sì che i versi finali dell'enigmatico madrigale 54: «vidi assai periglioso il mio viaggio: / et tornai indietro quasi a mezzo 'l giorno» alluderanno a una rinuncia, a una repressione degli istinti attuata intorno alla metà della vita.

Ma le cose non sono sempre così pacifiche, e l'elemento erotico spicca con forza soprattutto nelle poche liriche (ma appunto, si tenga sempre presente l'estrema cura posta da Petrarca nel dosare i propri ingredienti) nelle quali la frustrazione dell'amante attinge toni cupi e furibondi, come nei sonetti 56, 202, 256, che hanno in comune i forti rimanti *fugge*: *rugge*, ai quali s'aggiunge nel 56 *distrugge* e *adugge*; nel 202 *strugge* e *sugge*; nel 256 *distrugge* e *sugge* (vedi anche *Tr. Cupidinis* III 169: «So come Amor sovra la mente rugge»: *fugge*: *strugge*). Ecco le quartine del 56, che imprecano alla fallita realizzazione del desiderio amoroso ch'era stata promessa (ed è difficile resistere alla tentazione di leggere in quella *fera* che *rugge* «dentro dal mio ovil» proprio una metafora di tale desiderio insoddisfatto, tanto inquietante e violento, addirittura belluino, da far fuggire la donna):

> Se col cieco desir che 'l cor distrugge
> contando l'ore no m'inganno io stesso,
> ora mentre ch'io parlo il tempo fugge
> ch'a me fu inseme et a mercé promesso.
>
> Qual ombra è sì crudel che 'l seme adugge
> ch'al disiato frutto era sì presso?
> et dentro dal mio ovil qual fera rugge?
> tra la spiga et la man qual muro è messo?

E quelle del 202, ov'è evidente una ripresa dantesca dalla petrosa *Così nel mio parlar*:

> D'un bel chiaro polito et vivo ghiaccio
> move la fiamma che m'incende et strugge,
> et sì le vene e 'l cor m'asciuga et sugge
> che 'nvisibilmente i' mi disfaccio.
>
> Morte, già per ferire alzato 'l braccio,
> come irato ciel tona o leon rugge,
> va perseguendo mia vita che fugge,
> et io, pien di paura, tremo et taccio.

E infine quelle del 256, ove ancora dantescamente il poeta grida il suo desiderio di vendetta su Laura la cui immagine micidiale sviluppa tutta la sua «potenza annientatrice» (così Ilaria Tufano, che a questi tre sonetti ha dedicato una bella lettura) e *sugge* gli spiriti vitali di lui, infierendo durante la notte sul suo cuore come un *fiero leon* che *rugge*:

> Far potess'io vendetta di colei
> che guardando et parlando mi distrugge,
> et per più di doglia poi s'asconde et fugge,
> celando li occhi a me sì dolci e rei.
>
> Così li afflicti et stanchi spirti mei
> a poco a poco consumando sugge,
> e 'n sul cor quasi fiero leon rugge
> la notte allor, quand'io posar devrei.

Son questi, tuttavia, toni eccezionali entro la tessitura del *Canzoniere*, al quale conferiscono un ben calibrato effetto di chiaroscuro. Di norma, l'elemento erotico che sottilmente lo pervade trova le vie diverse della contemplazione delle bellezze di lei. In ogni caso, la negatività del desiderio amoroso sta innanzi tutto nel precipitare il soggetto fuori di sé, in una condizione alienata che ne mette in pericolo l'equilibrio, ne oscura la ragione e insomma appare, cavalcantianamente, come la minaccia più grave possibile alla sua integrità intellettuale e morale. Detto questo, molto altro, e forse meno ovvio, resta da dire circa la condanna dell'amore, e nel farlo è certo che ci si avvicina sempre più al cuore stesso della poesia di Petrarca.

4. UNA FALSA ETERNITÀ

Torniamo, per comodità, a poche affermazioni già viste. Nel sonetto proemiale l'amara verità che il poeta partecipa ai lettori e che va posta in ideale esergo all'opera è che «quanto piace al mondo è breve sogno». L'inconsistenza di un siffatto sogno ricade tutta sull'amore, come il luogo del suo massimo dispiegamento. Nella canzone 264 Petrarca riassume la propria colpa nell'aver amato una «mortal cosa», cioè una creatura mortale, «con tanta fede / quanta a Dio sol per debito convensi», e di aver dunque ceduto alla passione dimenticando tanto i suoi doveri di cristiano quanto quelli di intellettuale, mortificando la propria «ragione sviata dietro ai sensi».Tutto ciò può essere discusso, argomentato, sviluppato, ma alla fin fine questo è l'essenziale. Se la vita quaggiù non è che fumo e vento, cosa che passa e non dura, l'amore che finisce per divinizzare una creatura terrena è, prima ancora che un peccato, una follia governata dalla micidiale ancorché intermittente illusione di un'impossibile eternità mondana. Ma se l'amore esige un continuo estenuante *come se*, la coscienza per contro immerge l'amore nel tempo e acuisce l'angosciosa percezione del suo trascorrere, denunciando istante per istante, ogni volta, la labilità dei suoi incanti, sì che l'amore stesso appare come la condizione spirituale che, proprio perché *in nuce* lo nega, evoca più radicalmente d'ogni altra l'incombente spettro del tempo. E di là dalla fragile eternità dell'estasi è in agguato la morte: Laura invecchia e muore, e il poeta con lei (168, 12-14: «[...] già sol io non invecchio; / già per etate il mio desir non varia; / ben temo il viver breve che n'avanza»). E la passione amorosa che pure continua ad apparire come il più puro e irrinunciabile contenuto della vita precipita in angoscia non appena smaschera da sé i fantasmi dei quali si nutre.

Rileggiamo un testo celebre come il sonetto 90, *Erano i capei d'oro a l'aura sparsi*, citato poco sopra per intero, e ricordiamo insieme quanto già è stato osservato a proposito di 96, 9-14: «Allor errai [...] allor corse al suo mal libera et sciolta: / ora a posta d'altrui conven che vada / l'anima che peccò sol una volta», ove l'io del poeta è definito da ciò che una volta per tutte l'ha costituito come tale, e che dunque non può perdere se non perdendosi. Ecco: il sonetto 90 va giustamente inteso come «insigne dichiarazione di dedizione oltre il tempo», come ha scritto Contini, che prosegue: «il poeta si serba fedele alla donna invecchiata». In effetti questa davvero insigne glorificazione delle bellezze di Laura è tesa tra il polo della fissità estatica riattivata dalla memoria, e il polo della memoria medesima che risospinge nel passato la sorgiva verità di quell'apparizione infinitamente seducente. *Erano... avolgea... ardea...* Né è solo questione di tempi verbali: *ora* gli occhi di Laura hanno perduto la loro luminosità (vv. 3-4), e lei stessa non è più «uno spirto celeste, un vivo sole» (v. 13: «et se non fosse or tale...»). Ma che importa, se l'immagine custodita nella mente e la passione che essa suscita sono sempre quelle di *allora*? se l'amore si sottrae al tempo, se oppone alle sue rapine la minuziosa eternità della memoria?

Leggiamo adesso, di seguito, il sonetto successivo, il 91:

La bella donna che cotanto amavi
subitamente s'è da noi partita,
et per quel ch'io ne speri al ciel salita,
sì furon gli atti suoi dolci soavi.

Tempo è da ricovrare ambe le chiavi
del tuo cor, ch'ella possedeva in vita,
et seguir lei per via dritta expedita:
peso terren non sia più che t'aggravi.

Poi che se' sgombro de la maggior salma,
l'altre puoi giuso agevolmente porre,
sallendo quasi un pellegrino scarco.

Ben vedi omai sì come a morte corre
ogni cosa creata, et quanto all'alma
bisogna ir lieve al periglioso varco.

Con i sonetti 90 e 91 siamo ancora in una zona relativamente alta del *Canzoniere*: manca ancora molto prima di arrivare alla vecchiaia, alla malattia e alla morte di Laura. Eppure, nel primo dei due sonetti Laura già ha perduto il suo radiante fulgore ed è abbozzato il futuro tema di un possibile amore senile, consegnato nella seconda parte del *Canzoniere* ai tre sonetti 315, 316 e 317, «testi sublimi dell'amore senile, sia pure immaginario» (Contini), mentre nel secondo, il 91, attraverso l'esortazione forse rivolta al fratello Gherardo nell'occasione della morte della sua donna, già abbiamo un sintetico riassunto dei temi che saranno sviluppati nelle rime in morte. A parte che questo gioco di anticipazioni conferma ulteriormente l'idea che il libro risponda a una strategia unitaria, è evidente che testi siffatti in modi diversi, ma convergenti riguardo all'effetto, tornano a prendere le distanze dall'esperienza strettamente amorosa proiettando su di essa, come già il sonetto proemiale, l'ombra del tempo e della morte.

E si comincia allora a capire che la fissazione amorosa, e talvolta esplicitamente erotica, di cui il sonetto 90 è esempio illustre, non fa in realtà che esasperare al massimo quella ch'è la caratteristica più negativa della vita umana ove sia priva della prospettiva trascendente del divino: l'illusione di una sorta di artificiale eternità terrena che al *continuum* temporale che tutto trascina alla fine oppone l'allucinata verità dei frammenti ai quali s'aggrappa e nei quali vive. Tale frammentazione è del resto inevitabile nel momento in cui il desiderio dell'oggetto impossibile si fa tutt'uno con la percezione medesima della perdita (il desiderio è mancanza e dolore) e dunque con il sentimento del tempo che spinge il soggetto a divinizzare, per compensazione, l'attimo rivelatore e privilegiato, a fissarlo quale contenuto della memoria e a farne l'idolo sul quale proiettare e dare qualche consistenza al proprio principio d'identità. Ma si tratterà di un'identità tanto labile e minacciata quanto il frammento significativo al quale è demandato il contenuto e il senso della propria vita. La domanda iniziale sulle ragioni della speciale negatività dell'amore trova qui una ragione profonda che in qualche modo incorpora la più scontata condanna del desiderio carnale: l'amore, infatti, diventa in questa prospettiva il *nome* di questa frammentazione, e ciò che più compiutamente ne realizza le derive psicologiche.

5. *CHIARE, FRESCHE ET DOLCI ACQUE*

Una delle più belle canzoni di Petrarca, la 126, *Chiare, fresche et dolci acque*, nasconde nelle sue forme pacate ed eleganti questa inquietante verità, e probabilmente ricava proprio da ciò la misteriosa vibrazione che anima la perfezione delle sue immagini paradisiache, e ne fa un assoluto capolavoro. Le prime tre stanze sono dedicate a un movimento che diremmo ascendente, dal presente del ricordo verso il fantasticato futuro nel quale la donna amata verrà alla tomba dell'infelice poeta e piangerà e pregherà per lui. Ma al massimo di questa proiezione nel futuro, improvvisamente, senza alcun preavviso, la memoria riprecipita il poeta nel passato («Da' be' rami scendea...») rievocando nelle stanze quarta e quinta la stupefacente immagine di Laura coperta da una pioggia di fiori in quel medesimo scenario naturale sul quale la canzone si apriva. Il tempo presente è dunque bilanciato tra passato e futuro, tra memoria e attesa investite dalla stessa carica visionaria, secondo il perfetto modulo agostiniano per il quale il tempo non «può passare che dal futuro attraverso il presente verso il passato, ossia da ciò che non è ancora attraverso ciò che non ha estensione verso ciò che non è più» (*Conf.* XI 21, 27). E la canzone vive tutta entro la dimensione di quella *distentio animi* (quello «spazio dell'anima», tradurremmo) nella quale il tempo consiste secondo Agostino, che nel *De musica*, VI 8, 21, dà anche una bellissima definizione della memoria quale «luce degli intervalli di durata» («memoria quod quasi lumen est temporalium spatiorum»).

Il colpo di genio di Petrarca, qui come altrove, non sta tanto nel nominare la memoria ma piuttosto nel farla agire in modo tale che i luoghi e le cose evocate, e la sua vicenda d'amore in essi, diventino direttamente emanazioni, corpi, cristalli di tempo. Onde l'infinita risonanza del loro potere evocativo una volta che siano stati intimamente associati e propriamente fatti materia di quella *distentio animi*, e cioè del tempo medesimo. *Acque, rami, erbe, fiori*... sono dunque cose concrete, ma anche e soprattutto «intervalli di durata», pegni di continuità, presenze che valicano i vortici del tempo e riemergono ogni volta che la memoria torni a illuminarle legando in maniera indissolubile la fissità al moto che la comprende, il non-tempo al tempo che lo contiene, facendo della fissità e del non-tempo l'essenza ultima del moto e del tempo, e rendendo per questa via l'evidenza del loro trascorrere attraverso l'abisso che si fa compiutamente e dolorosamente percepibile solo nell'istantaneo presente della memoria, e che di là da questo non cessa un momento di rinviare allo sprofondamento finale.

In questa luce la palinodia contenuta nella quinta e ultima stanza, nella quale il poeta si confessa «sì diviso / da l'imagine vera» è decisiva. La forma è fluida e perfettamente raccordata, ma il salto è radicale, e permette di definire *Chiare, fresche et dolci acque* come un lungo ossimoro fondato su un doppio movimento di *memoria* e *oblio*: sulla *memoria* di un *oblio*, concepita appunto come la riconquista e la riattualizzazione attraverso il tempo e nel tempo di un'estatica fuoriuscita dal tempo. La palinodia, allora, ristabilisce il primato di quella stessa memoria a più riprese invocata quale connettivo e infine dimensione costitutiva della visione e dell'atto poetico che la fonda. In altre parole, essa rivela e colpisce la perniciosa illusione insita nella divinizzazione dell'attimo, l'inganno di un'estatica quanto fittizia atemporalità. Sì che suonano come anticipata e quasi indispensabile chiosa a questi come a tanti altri versi del *Canzoniere* le parole di sant'Agostino nel *De vera religione*, 20, 40: chi è affascinato dalla bellezza corporea,

> quando pensa, crede di comprendere, ma in effetti è ingannato da rappresentazioni ingannevoli. Se poi talvolta, non rispettando integralmente l'ordine della divina provvidenza, ma ritenendo di farlo, si sforza di resistere alla carne, giunge fino alle immagini delle cose sensibili e costruisce

vanamente con il pensiero spazi immensi di quella luce che vede circoscritta in precisi confini; si immagina che questa sia per lui la dimora futura, non sapendo di essere condotto dalla concupiscenza degli occhi e di voler andare, con questo mondo, fuori del mondo che non si accorge essere questo stesso, dal momento che, con la sua falsa immaginazione, ne proietta all'infinito la parte più luminosa.

Nell'ultima stanza di *Chiare, fresche et dolci acque*, contro *l'oblio* e i suoi inganni, è dunque ristabilito il primato di una coscienza che coincide essenzialmente con il sentimento profondo della temporalità. La pioggia di fiori su Laura è, con sublime ambivalenza, immagine di quell'attimo magico di smarrimento, di abbagliante fuoriuscita dal tempo, ed è insieme l'immagine salvata per sempre da una memoria che si presenta, da una parte, come l'unica umana virtù contro la labilità del tempo – come l'unico tempo propriamente umano, come lo spazio medesimo della coscienza di sé – e dall'altra parte, proprio per questo suo perenne e drammatico confronto con il tempo e il mutamento e la morte, è l'unica medicina contro la folle tentazione «di voler andare, con questo mondo, fuori del mondo». Così, l'illusione edenica è cancellata; l'apparizione di Laura è restituita al tempo, e dell'autoinganno è fatta ammenda. Eppure la passione per tanta bellezza finisce per vivere oltre la sconfitta:

> Da indi in qua mi piace
> questa herba sì, ch'altrove non ò pace.

L'epifania della bellezza non può sottrarsi al tempo, ma non cessa per questo di essere tale, e sul tempo prende una paradossale quanto obbligata rivincita, trasformando la sospesa, fragile eternità della contemplazione nel desiderio che non ha pace... Ma infine è il sentimento del tempo che ha vinto, trasformando le forme rigide e sovrapersonali del mito e della stilizzazione letteraria e facendone cosa propria, memoria propria. La *distentio animi* di Petrarca ha qui la sua radice, nella sua capacità di cogliere insieme il senso della durata con tutta la sua preziosa e prodigiosa precarietà e di fare di questo senso il contenuto più intimo e drammatico della coscienza e della memoria. Che non è memoria di una cosa, ma memoria del tempo di quella cosa, memoria di un moto, di una traccia, di un farsi del tempo:

> Da' be' rami scendesa
> (dolce ne la memoria)

una pioggia di fior' sovra 'l suo grembo
[...]

Non è tanto la pioggia di fiori a impressionarci, ma la sua lenta caduta, appena rallentata, sospesa quel tanto che basta ad acuire la percezione del movimento, del suo durare, sino all'estremo vago volteggio dell'ultimo petalo, sino all'estrema illusione che con esso anche il tempo abbia finito di cadere, si sia posato, si sia interamente consumato. Sino a un oblio del tempo vissuto come esperienza limite del tempo: esperienza forte tanto inevitabile quanto illusoria, visto che, come sempre, solo la memoria è in grado di riscattarla e di restituirla al corso inarrestabile della vita.

6. RECOLLIGERE FRAGMENTA

Rileggiamo ora, alla luce di queste considerazioni, applicabili non solo alla canzone 126 ma alla lirica amorosa del *Canzoniere* in generale, l'ultima pagina del *Secretum*, e qui in particolare le parole di *Franciscus* che promette ad *Augustinus*: «Sarò presente a me stesso quanto più potrò, raccoglierò gli sparsi frammenti della mia anima e con impegno mi concentrerò su di me» («Adero michi ipse quantum potero, et sparsa anime fragmenta recolligam, moraborque mecum sedulo»). Il quale *Agostino* poco sopra l'aveva esortato a lasciare le opere in corso ed a tornare a se stesso: «Abbandona l'*Africa* [...] Lascia dunque queste opere e restituisci te a te stesso. Torniamo là donde siamo partiti. Comincia a pensare dentro di te alla morte». È giusta osservazione che questo *recolligere fragmenta* richiami per più d'un verso il titolo latino del *Canzoniere*, *Rerum vulgarium fragmenta*, e per questa via anche le *rime sparse* del primo verso del sonetto proemiale, e ciò pone la questione di capire in che senso la composizione del *Canzoniere* possa suonare come un'adeguata risposta alle esortazioni del santo, che certo sembrano andare in tutt'altra direzione (*dimitte fragmenta*, semmai!).

Francisco Rico ha mostrato come meglio non si può su quale stratificazione di *auctoritates* classiche, da Orazio a Persio a Seneca, e patristiche (e specificamente agostiniane) riposi la promessa di tono indubitabilmente stoico di 'aderire' e 'dimorare' in se stesso: si tratta di ritrarre l'io dalla selva dei fantasmi e delle occasioni e tentazioni esteriori nella quale s'è perduto, e di ricostituirne per quanto possibile l'essenziale integrità sì renderlo capace di affrontare il pensiero della morte. Che quel *recolligere fragmenta* chiami in causa anche il *Canzoniere* è dunque significativo, perché comporta che una tale operazione faccia parte di quel programma di complessiva rifondazione della propria attività al quale Petrarca mise mano attorno agli anni '50 del secolo, e che in questo quadro egli investa la propria sin lì frammentaria produzione lirica e con un gesto di grande portata storica, decisivo per i secoli a venire, la carichi di responsabilità affatto speciali, facendone, in nome del ritorno dell'io a se stesso, l'intimo sedimento della propria esperienza esistenziale, finalmente riconosciuta e giudicata. In ciò, occorre sottolineare che l'amore, come già s'è accennato, diventa la condizione esemplare attraverso la quale la vita si consegna a un'alienante seppur a tratti stupenda esperienza di frammentazione – l'amore è il *nome* di questa esperienza – attraverso la quale l'io rischia di smarrirsi e svuotarsi nei meandri di un mondo illusorio, regno della pura temporalità. Ecco allora che l'io, nella fattispecie l'io lirico del *Canzoniere*, è precisamente quello che procede sul filo del rasoio, tra una dispersiva pluralità di frammenti di vita nei quali non può fare a meno di riconoscere il *pathos* e l'autenticità delle proprie passioni, e un'istanza di ricomposizione a rigore irraggiungibile, ma tuttavia unica custode della sua verità ultima. Si tratta dunque di un percorso caratterizzato in ogni sua stazione da una forte dialettica, perché l'istanza centrale e unitaria dell'io-protagonista è continuamente evocata ma è anche continuamente frustrata entro una rappresentazione autobiografica che non riesce a risolvere l'ossimoro esistenziale che oppone l'esigenza ordinatrice del *recolligere* alla concreta ed emozionale resa agli sparsi *fragmenta* che la compongono. Un'applicazione singolare di questo discorso, destinata in modo provocatorio a riproporne per intero la dialettica, torna avanti, nel sonetto 191:

> Sì come eterna vita è veder Dio,
> né più si brama, né bramar più lice,
> così me, donna, il voi veder, felice
> fa in questo breve et fraile viver mio.
>
> Né voi stessa com'or bella vid'io
> già mai, se vero al cor l'occhio ridice:
> dolce del mio penser hora beatrice,
> che vince ogni alta speme, ogni desio.
>
> Et se non fusse il suo fuggir sì ratto,
> più non demanderei: che s'alcun vive
> sol d'odore, et tal fama fede acquista,

alcun d'acqua o di foco, e 'l gusto e 'l tatto
acquetan cose d'ogni dolzor prive,
i' perché non de la vostra alma vista?

Come si vede, nell'ordine dell'eterno il massimo al quale si possa e si debba aspirare è la contemplazione di Dio; nell'ordine della vita mortale, invece, l'obiettivo massimo sarebbe costituito dalla bellezza di Laura, nel quadro di una scissione radicale che vede da una parte l'autonomia dei sensi nel porre la loro adeguata soddisfazione, e dall'altra un'*alta speme* e un altro *desio* che non sono di questa vita. Ma l'ardito quadro nel quale i *fragmenta* bastano a se stessi e si rifiutano di ricomporsi in un ordine superiore è inquinato dal fatto che la vita è *breve* e *fraile*, e che l'abbagliante istante della contemplazione, l'*hora beatrice*, appunto, se ne fugge veloce. Petrarca insomma gioca abilmente con il lettore, al quale fornisce tutti gli elementi, interni ed esterni al sonetto, perché dichiari la vanità di quella sorta di materialismo relativista al quale egli mostra per un momento di credere, nel momento stesso nel quale ripropone di fatto l'essenziale contraddizione che lo attraversa.

Ma gioca anche con se stesso, nella forma dell'autoprovocazione, ch'è poi una forma mascherata di quella struttura del soliloquio che è parte così intima del tessuto del *Canzoniere*, e che è, anch'essa, rivelatrice della superiore istanza del *recolligere*. Tale rappresentazione è pervasiva di tutto il *Canzoniere*, e non c'è quasi lirica che non faccia perno su questo stato di tensione del soggetto paziente messo di fronte alla propria scissione interiore. E proprio questo rovesciamento e inveramento di una frustrazione esterna in una divaricazione interna, morale e psicologica, rappresenta l'assoluto carattere di novità e diciamo pure di modernità dell'esperienza lirica di Petrarca rispetto alla tradizione precedente.

7. *CHE FAI, ALMA? CHE PENSI?*

Sullo sfondo non troppo lontano dei *Soliloquia* e delle *Confessiones* di sant'Agostino, e dalla loro raffinata tecnica dell'autointerrogazione, e su quello vicino del *Secretum*, è facile osservare che l'io del *Canzoniere* è in verità un io sempre in dialogo con se stesso: nella forma diretta tale dialogo assume speciale *pathos*, come già spiegava Macrobio, *Sat.* IV 6, 11-12 («Est enim vel dolentis vel irascentis dubitare quid agas»), ma non è certo minore il *pathos* della lunga interrogazione che, in forma indiretta, occupa il sonetto 74:

> Io son già stanco di pensar sì come
> i miei pensier' in voi stanchi non sono,
> et come vita anchor non abbandono
> per fuggir de sospir' sì gravi some;
> [...]

'Sono stanco di pensare come sia possibile ch'io non sia stanco di pensare a voi [...]'. Il congedo, bellissimo, della canzone precedente, 73, ultima delle tre da sempre ammiratissime *cantilene oculorum*, le 'canzoni degli occhi', suona:

> Canzone, i' sento già stancar la penna
> del lungo et dolce ragionar co·llei,
> ma non di parlar meco i pensier' mei.

L'imperativo che scaturisce dal *Secretum*: *recollige fragmenta*, è dunque da sempre, in qualche modo, il filo che tiene assieme il *Canzoniere*, la sua immanente verità: la novità sta semmai nell'obiettivo finale al quale l'operazione deve essere orientata. Nel sonetto e nel congedo il poeta non *pensa* e non *parla* l'amore, ma pensa e parla del suo pensare all'amore, e appunto così fissa l'essenziale elemento di continuità sul quale far leva per trasformare tale tormentoso e irrisolto pensare in un *recolligere*. L'amore è il 'ragionare' d'amore nella solitudine dell'io, e tale ragionare è appunto ciò che comincia a riscattare dalla dispersione i frammenti della vicenda amorosa, a portarli a sé e a farne forma e sostanza di vita. Ma anche quest'io ragionante e pensoso rischia di non uscire da se stesso e di avvolgersi nelle sue contraddizioni e debolezze: almeno sino a quando il pensare il proprio pensiero resta nei termini della dissociazione interiore e dell'autoanalisi, per altro la più ricca e mossa e suggestiva della nostra letteratura. Come nel sonetto 209, *I dolci colli ov'io lasciai me stesso*, ov'è splendidamente ripresa da Virgilio, *Aen.* IV 68-63, la similitudine del cervo ferito, citata anche nel libro III del *Secretum*. O nel sonetto 234:

> O cameretta che già fosti un porto
> a le gravi tempeste mie diurne,
> fonte se' or di lagrime nocturne,
> che 'l dì celate per vergogna porto.
>
> O letticciuol che requie eri et conforto
> in tanti affanni, di che dogliose urne

ti bagna Amor, con quelle mani eburne
solo ver' me crudeli a sì gran torto!

Né pur il mio secreto e 'l mio riposo
fuggo, ma più me stesso e 'l mio pensero,
che, seguendol, talor levòmmi a volo;

e 'l vulgo a me nemico et odïoso
(chi 'l pensò mai?) per mio refugio chero:
tal paura ò di ritrovarmi solo.

 Il pensiero d'amore, lasciato al suo libero corso (*seguendol*), ha talvolta levato a volo l'immaginazione del protagonista, alimentando fantasie d'appagamento puntualmente smentite dalla realtà, e dunque fonte di frustrazione e dolore, e dunque da reprimere fuggendo i pericoli dell'esaltazione solitaria e immergendosi e stordendosi nella vita degli altri (il *vulgo*). Ma, se è così, questo *volo* s'oppone a *voli* diversi: in 169, 6, il *levarsi a volo* dell'anima allude alla sua fuga dal corpo, dinanzi all'apparizione perturbante di Laura; nel penitenziale sonetto 81, ove Cristo, il *grande amico*, vola oltre la veduta umana e però chiama a sé, il *volo* è quello al quale l'animo aspira, così com'è detto nella Bibbia, nel *Ps.* 54: «Quis dabit mihi pinnas sicut columbae et volabo et requiescam?» che Petrarca ripete molte altre volte (e vi allude nella fondamentale domanda che attraversa il primo libro del *Secretum:* «quid ergo me retinet?»):

Io son sì stanco sotto 'l fascio antico
de le mie colpe et de l'usanza ria
ch'i' temo forte di mancar tra via,
et di cader in man del mio nemico.

Ben venne a dilivrarmi un grande amico
per somma et ineffabil cortesia;
poi volò fuor de la veduta mia,
sì ch'a mirarlo indarno m'affatico.

Ma la sua voce anchor qua giù rimbomba:
– O voi che travagliate, ecco 'l camino;
venite a me, se 'l passo altri non serra –.

> Qual gratia, qual amore o qual destino
> mi darà penne in guisa di colomba,
> ch'i' mi riposi, et levimi da terra?

C'è volo e volo, insomma, così come c'è pensiero e pensiero, e splendore e splendore, e amore e amore... Ma sarebbe semplicistico pensare che ciò corrisponda solo a una forma di dualismo manicheo che approda ogni volta alla prevedibile alternativa tra il negativo dei contenuti terreni e il positivo dei contenuti trascendenti. Che sia anche così non c'è dubbio, ma c'è pure, in Petrarca, una sorta di sdoppiamento continuo, una dialettica che da esterna si fa interna e divide ogni cosa da se stessa, e le si contrappone e però anche convive, in un gioco sottile e assai sfumato nel quale potremmo dire che a riequilibrare la bilancia dei valori e dei disvalori sta il fatto che ciò che possiamo e in buona misura dobbiamo definire come negativo è anche ciò che l'esperienza presenta come sommamente vero: è la verità della passione, la quale altro non è che la verità della vita, e in ispecie dell'unica vita che il poeta-protagonista abbia e conosca e ami, per quanto gettata nel tempo e connotata negativamente dalla sua labilità. Onde quello stesso amore moralmente condannato, diremmo, per non riuscire a salvarsi da sé (per essere *in sé* quasi un emblema della labilità d'ogni cosa), Petrarca tenta continuamente di riscattarlo attraverso qualcosa che lo giustifichi o lo assolva dall'esterno: fondamentalmente, su piani diversi e tendenzialmente opposti, ora quale artefice della fama di entrambi, ora quale garante di un *iter* di salvezza che vede Laura quale guida al cielo. Si veda per esempio la conclusione del sonetto 203, ove si noti ancora la presenza decisiva del *penser*:

> [...] i' veggio nel penser, dolce mio foco,
> fredda una lingua et duo belli occhi chiusi
> rimaner, dopo noi, pien' di faville,

e, a stretto contatto, il sonetto 204, *Anima, che diverse cose tante*, un intenso monologo introspettivo nel quale l'anima, nella quale si riassume l'intera attività percettiva e mentale del poeta («vedi, odi et leggi et parli et scrivi et pensi») e il suo stanco cuore sono ammoniti a riconoscere il ruolo beatifico di Laura ed a seguirne i passi verso l'*etterno albergo*. In un altro tempo, senza Laura e la luce dei suoi occhi e le tracce dei suoi passi, la vita di per sé così difficile (il «camin che sì mal tiensi») è inconcepibile. Ma proprio per questo occorre non sbagliare, non perdere questa sublime occasione, entro una vita tanto breve, e non farsi sviare dall'ingannevole *nebbia* dei suoi *dolci sdegni*, e occorre invece cogliere la possibilità di salvezza che essa offre quando se ne sappiano seguire «i passi honesti e 'l divo raggio».

Già abbiamo osservato quel principio di contraddizione in forza della quale Laura *non può* non essere amata, mentre l'amore per lei riassume, per contro, l'intera selva dei fantasmi e delle occasioni e tentazioni esteriori nella quale l'io rischia di perdersi. E la linea di ricomposizione, s'è anche detto, segue il percorso che va dall'amore/desiderio all'amore/imitazione: quella, cioè, che il sonetto propone al cuore ormai *stanco* di un desiderio impossibile. Ma si osservi anche il vero e proprio mito della solidarietà di fondo che lega i due amori: nelle quartine, la vita non sarebbe stata possibile senza la guida degli occhi e delle orme di Laura; nelle terzine quella medesima vita non è solo difficile, ma *breve*, ed è nella cornice di questa brevità che il poeta scopre, o inventa, la funzione trascendente di lei, che vieppiù conferma d'esserne l'indispensabile guida.

La densità e la complessità del sonetto scelto come esempio non si fermano qui. Non si ripeterà mai abbastanza che i *fragmenta* del *Canzoniere* si succedono secondo una logica speciale fatta di continui slittamenti, di ritorni, di apparenti contraddizioni e divagazioni destinate a rivelarsi essenziali alla struttura del racconto, di provocazioni stimolanti... Petrarca, insomma, è un maestro nel rompere le linee di attesa più prevedibili e pigre, e qui ancora una volta lo dimostra. Abbiamo citato la terzina finale del sonetto 203, nella quale alla ormai fredda lingua di lui defunto sarà riconosciuto il merito di aver immortalato le *faville* degli ormai spenti occhi di lei: un elogio tutto mondano, insomma, della bellezza e della gloria poetica, in presenza del pensiero della morte d'entrambi. Il sonetto 204 sposta il discorso e sullo sfondo della brevità della vita lo interiorizza abbozzando il tema della trascendente funzione di Laura e dunque dell'intima necessità e positività dell'amore per lei. Il successivo 205, ancora rivolto all'anima, fa parte di questa piccola catena, ma in qualche modo torna indietro e in bellissime forme colloquiali isola il tema dell'amore terreno, quello di qua dalla *nebbia*, per dir così, e sviluppa il tema dei *dolci sdegni* in quello della dolce sofferenza e pazienza di un amante ripagato dalla *dolce invidia* dei posteri, richiamati in causa dal sonetto 203 e ora costretti a riconoscere sia che quell'amore è stato *bellissimo*, sia che è stato eccezionale privilegio del poeta il poter condividere il tempo di Laura. Ribadendo dunque la sotterranea forza visionaria con la quale Petrarca coglie il proprio vivere nel tempo, e la sua brevità, e la miracolosa coincidenza, sullo sfondo degli infiniti tempi possibili, con il tempo di Laura, e la prospettiva postuma dalla quale la sua vicenda sarà contemplata, sì da farci scoprire, infine, che il segreto tema di questi versi (e poi di tanti altri, e di gran parte dei *Trionfi*) è l'inconcepibile nozione dell'unicità della vita e dell'amore. Meglio, l'unicità della propria vita e del proprio amore, e insomma il fatto che «esser non si po' più d'una volta» (361, 10).

8. ANTITETICHE VERITÀ

È forse chiaro a questo punto come le famose partiture antitetiche di Petrarca, quali quelle, per esempio, del sonetto 205, *Dolci ire, dolci sdegni et dolci paci*, non caratterizzino solo il suo stile, ma abbiano radice nella sua attitudine analitica e introspettiva e siano insomma modi di un pensiero fortemente dialettico e antidogmatico naturalmente portato a inseguire la molteplice contraddittorietà del suo cuore. Illuminante è in tal senso il proemio al secondo libro del *De remediis*, insieme al *De ignorantia* forse il testo più importante del Petrarca filosofo: in tale proemio egli dichiara, come abbiamo già detto, che niente di ciò che ha letto o ascoltato l'ha più colpito della sentenza attribuita ad Eraclito secondo la quale «omnia cum lite fieri»: ogni cosa, cioè, è il prodotto di uno scontro tra opposti. Quel proemio verifica l'assioma attraverso esempi tratti dal mondo naturale. Il *Canzoniere* lo fa, implicitamente, applicandolo alla dimensione psicologica ed esistenziale dell'io, attraversato in ogni suo momento dalla *lite* che lo costituisce. Un illustre esempio («un capolavoro *standard* della lirica d'amore europea» l'ha definito Boitani) è nell'esercizio *de oppositis*, sonetto 134, nel quale le caratteristiche dicotomie attorno alle quali i versi di Petrarca si strutturano passano, usando parole di Contini, dalla potenza all'atto:

> Pace non trovo et non ò da far guerra;
> e temo et spero; et ardo, et son un ghiaccio;
> et volo sopra 'l cielo, et giaccio in terra;
> et nulla stringo, et tutto 'l mondo abbraccio.
>
> Tal m'à in pregion che non m'apre né serra
> né per suo mi riten né scioglie il laccio;
> et non m'ancide Amore et non mi sferra,
> né mi vuol vivo né mi trae d'impaccio.
>
> Veggio senza occhi, et non ò lingua et grido;
> et bramo di perir, et cheggio aita;
> et ò in odio me stesso et amo altrui.

> Pascomi di dolor, piangendo rido;
> ugualmente mi spiace morte et vita:
> in questo stato son, donna, per voi.

Qui rifluisce (per esempio dalla canzone in forma metrica di frottola 105, *Mai non vo' più cantar com'io soleva*, vistosa macchia metrica, linguistica e stilistica intesa a mettere in rilievo, per contrasto, la selettiva eleganza degli altri componimenti) e di qui riparte tutta una serie di immagini antitetiche che si sono costituite in altrettante istituzioni del linguaggio lirico: per la coppia *pace-guerra* si veda per esempio 220, 13: «que' belli occhi ond'io ò guerra et pace», e ancora 105, 74; 244, 5; 290, 4 ecc. Per la coppia *ardore-ghiaccio*, assunta quale emblema del petrarchismo nel bel volume di Leonard Forster, *The Icy Fire*, vedi 105, 90: «'n un punto m'agghiaccia et mi riscalda»; 122, 4: «sento nel mezzo de le fiamme un gielo»; 150, 6: «di state un ghiaccio, un foco quando iverna», e ancora 66, 33; 202, 1; 220, 14; *Tr. Cup.* III 157 ecc. La composizione di tali antitesi appartiene al *Canzoniere* solo come desiderio, come utopia di un riposo che non è destinato all'*alma stanca*, condannata a passare da un estremo all'altro:

> Per questi extremi duo contrari et misti,
> or con voglie gelate, or con accese
> stassi così [*l'alma stanca*] fra misera e felice
> (173, 9-11)

e anzi indotta a proiettare la propria condizione all'esterno, a investirne i luoghi della vicenda amorosa e la donna medesima, come avviene nel sonetto 112, diretto all'amico Sennuccio del Bene, *Sennuccio, i' vo che sapi in qual manera*. Qui Petrarca conferisce nuova veste alla propria disarmonia esistenziale, facendo che la mobilità dell'io diviso da se stesso e che si pensa come tale si plachi solo nella fedeltà a ciò che muta: a lei che gli oppone i suoi contradditori atteggiamenti, e ai luoghi che trattengono ormai solo la memoria della sua presenza. Se il cuore del poeta è lacerato da opposte tensioni, anche Laura, infatti, manifesta la sua duplice natura di «fera bella et cruda» (23, 149), e, 152, 1-4:

> Questa humil fera, un cor di tigre o d'orsa,
> che 'n vista humana e 'n forma d'angel vène,
> in riso e 'n pianto, fra paura et spene
> mi rota sì ch'ogni mio stato inforsa.

Ma il gioco degli intrecci antitetici è in verità talmente sottile, vario e pervasivo da poter essere assunto quale criterio generale di lettura, a ogni livello. Per esempio, nella primissima parte del *Canzoniere*, sin dal sonetto 3, *Era il giorno ch'al sol si scoloraro*, che fa coincidere la data dell'innamoramento con il venerdì santo della passione di Cristo, è evidente che la vicenda d'amore del protagonista ricalca e insieme si contrappone alla vicenda sacra; il mito di Valchiusa si costruisce in opposizione alla fetida e corrotta Avignone/Babilonia; il poeta di fronte al rifiuto di Laura fa continuamente i conti con se stesso: cioè pensa se stesso innamorato come un io secondo; i rari attimi di felicità (il guanto, il saluto di lei) restano irriducibili alla durata della sofferenza nella quale pure sono immersi, e infine il *Canzoniere* stesso racconta di un amore minuziosamente antitetico, in quanto *giovenile errore*, a quello che una ragione adulta ed esperta raccomanda. Di qui il discorso dovrebbe essere ancora lungo, ma, prendendo spunto dal verso appena sopra citato: «in riso e 'n pianto, fra paura et spene», può essere utile una piccola deviazione.

9. LE QUATTRO PASSIONI

Gaudium e *Dolor* (*gioia* e *felicità*, *riso* e *pianto*) rappresentano le due affezioni primarie o, con san Tommaso, soprattutto nelle *Quaestiones disputatae de veritate*, principalissime dell'anima, che insieme alle altre due, *Spes* e *Metus* (*speranza* e *paura*, solo principali per san Tommaso), secondo gli stoici turbano e impediscono l'uso della ragione, ed è con esse che nel *De remediis* la Ragione ha a che fare, per ristabilire il proprio dominio. Tali affezioni, o passioni, derivate da una falsa opinione del bene e del male, possono disporsi nelle coppie *gaudium/spes* (o, spesso nella tradizione, *cupiditas*, onde Petrarca medesimo, elencando le quattro passioni nel primo *Proemio* al *De remediis*, § 17, ha «spes seu cupiditas») e *dolor/metus* che, ordinate rispetto a ciò che si gode o si soffre nel presente e si spera e si teme nel futuro, formeranno l'altro schema: *gaudium/dolor* e *spes/metus*. Petrarca rimanda a tale classico schema quadripartito nell'appena citato 152, 3 («in riso e 'n pianto, fra paura et spene»), e vi accenna anche altrove nel *Canzoniere* (33, 11; 252, 1-2), nel *Secretum* e nel *Proemio* sia al primo che al secondo libro del *De remediis*, sulla scorta di Virgilio, Cicerone e sant'Agostino.

Da Virgilio in particolare egli ricava l'immagine secondo la quale l'anima, scintilla dell'ignea ed eterna sostanza celeste, una volta scesa sulla terra e imprigionata nel corpo, subisce tutte le affezioni sensibili che le derivano dalla sua stessa mistione con la materia (traccia di questa concezione è anche nel sonetto 77, dedicato, con il 78, a Simone Martini, autore del ritratto di Laura), e soprattutto nel *Secretum* Petrarca tende ad enfatizzare platonicamente il peso negativo della corporeità, tagliando ogni rapporto tra la ragione e le affezioni, e in queste ultime rappresentando, con rigida coerenza, l'antiragione. Tra la ragione e le affezioni/passioni, insomma, vige l'incompatibilità, e un reciproco tendenziale processo di esclusione, come è stato anticipato là dove s'è parlato di Cavalcanti, il quale, proprio come Petrarca, rappresenta un perfetto contromodello rispetto a Dante. Anche Laura dirà: «voglia in me ragion già mai non vinse» (*Tr. Mortis* II 102), facendo anch'essa della *ragione* la nemica della *voglia*, e non la sua fedele alleata (a parte il fatto che è pure significativa la riduzione dell'*amore* a *voglia*). Ed è precisamente l'esclusione della ragione dal contesto del *Canzoniere* a far esplodere incontenibile il meccanismo delle antitesi, fomentato dal libero gioco delle quattro passioni che l'io è in grado di pensare, ma non di governare in nome di un'istanza superiore e regolatrice – il classico *frenum rationis* – per definizione assente. Petrarca stesso lo sottolinea, con insistenza: 73, 25-26: «la ragione è morta / che tenea 'l freno»; 97, 6: «'l fren de la ragion ivi non vale»; 141, 7: «'l fren de la ragion Amor non prezza»; 189, 13: «morta fra l'onde è la ragion»; 211, 7: «regnano i sensi, et la ragion è morta»; *Tr. d'Amore* III 169-170: «So come Amor sovra la mente rugge, /e come ragione indi [*dalla mente*] discaccia».

Si dirà a questo punto che non è del tutto così, che la Ragione, con la maiuscola richiesta dalla sua tradizionale ipostasi, almeno una volta è ben presente ed è addirittura chiamata a dirimere la *lite* tra Amore e il poeta nella canzone 360. Di tale canzone e di alcune perplessità che suscita abbiamo sopra già parlato. Ora, possiamo aggiungere un'altra cosa. Nella prima stanza la Ragione è definita come «la reina / che la parte divina / tien di nostra natura e 'n cima sede» (risiede, cioè, nel capo, tradizionale *arx rationis*), ma essa nulla dice sino alla fine, e solo si limita a concludere nel modo già considerato:

> Ella allor sorridendo:
> – Piacemi aver vostre questioni udite,
> ma più tempo bisogna a tanta lite.

Questa *reina* singolarmente inetta (e perciò, seppur assai leggermente, parodica) non sa dunque che dire, e di fatto si confessa incompetente a giudicare.

Chiaramente, le lacerazioni e i dubbi dell'infelice innamorato non l'hanno mai riguardata né riescono, ancora, a riguardarla. Del resto, quale ruolo effettivo potrà mai avere là dove è certo che «omnia cum lite fieri»? Assente per tanto tempo – ecco cosa dice la canzone – essa non può essere invocata alla fine, a giochi fatti, per pronunciare una sentenza affatto inutile, e il suo sorriso è un modo elegante per ribadire la sua estraneità e per chiamarsi fuori. Il che sta a dire una cosa assai importante per capire in che consiste la complessiva novità del *Canzoniere*. L'io del poeta evita con cura di identificarsi con la propria parte razionale, o meglio, la ritira sullo sfondo, la esautora dal suo immediato ruolo di governo per lasciare il campo al gioco delle sue passioni ed emozioni e al loro irrisolto urto con le istanze della razionalità.

Ancora una volta, per l'agostiniano Petrarca l'ultima parola spetta alla *volontà*, non all'impotenza dell'intelligenza: «Una cosa, infatti, è sapere e un'altra è amare; una cosa l'intendere e un'altra il volere». In questione è il primato della volontà, appunto, e dunque il poeta stesso e la sua capacità e volontà di volgersi a un *altro* amore, di concepire un'*altra* passione che sia sostanza di un'*altra* vita. Leggiamo le ultime due stanze e il congedo della stupenda sestina 142, 25-39:

> Selve, sassi, campagne, fiumi et poggi,
> quanto è creato vince et cangia il tempo:
> ond'io cheggio perdono a queste frondi,
> se rivolgendo poi molt'anni il cielo
> fuggir disposi gl'invescati rami
> tosto ch'incominciai di veder lume.
>
> Tanto mi piacque prima il dolce lume
> ch'i' passai con diletto assai gran poggi
> per poter appressar gli amati rami:
> ora la vita breve e 'l loco e 'l tempo
> mostranmi altro sentier di gire al cielo
> et di far frutto, non pur fior' et frondi.
>
> Altr'amor, altre frondi et altro lume,
> altro salir al ciel per altri poggi
> cerco, ché n'è ben tempo, et altri rami.

«Altr'amor...»: questo è il passaggio davvero necessario, il salto di qualità che una ragione intesa come mera regolatrice delle passioni non potrà mai operare. Nel terzo libro del *Secretum*, del resto, Agostino insiste proprio su questo punto, quando denuncia la futilità dei tentativi di Francesco che vorrebbe salvare la passione più forte di tutte, l'amore, mediante una sorta di soccorso o alleanza con la ragione, intesa come semplice forza moderatrice e non come totalizzante dimensione alternativa («ma ci sarà la ragione, che con il suo potere terrà queste passioni sotto controllo»), e gli ricorda i versi di Terenzio: «se con l'aiuto della ragione cerchi di trasformare queste contraddizioni in qualcosa di coerente, non fai niente di diverso che se tu ti sforzassi di impazzire ragionevolmente» (Terenzio, *Eunuc.* I 61-63). L'ultima parola, insomma, risolutiva delle antitesi che governano il *Canzoniere* e che trovano impotente la Ragione, spetta finalmente alla grande canzone alla Vergine, della quale la sestina, probabilmente composta nel 1350, quindi dopo la morte di Laura, già predica la necessità.

10. LE RIME IN MORTE. LA CANZONE 270

La canzone alla Vergine chiude degnamente l'intero *Canzoniere* e chiude in particolare la seconda parte, quella in morte, che sin qui non abbiamo ancora considerato, limitando le citazioni quasi esclusivamente alla parte in vita. La canzone 264 fa da perno, come abbiamo visto, ma il primo componimento in morte di Laura è il sonetto 267, *Oimè il bel viso, oimè il soave sguardo*; segue il *planctus* costituito dalla canzone 268, *Che debb'io far? che mi consigli, Amore?*, il sonetto 269, *Rotta è l'alta colonna e 'l verde lauro*, che piange insieme la morte di Laura e del cardinale Giovanni Colonna, e la canzone 270, *Amor, se vuo' ch'i' torni al giogo antico*, con la quale la serie dei componimenti in morte davvero comincia, perché è in questa canzone che Petrarca mette a fuoco la sua nuova condizione e predispone alcuni elementi di base ai quali agganciare gli sviluppi successivi. Il primo di questi elementi sta nella dichiarata e insuperabile fedeltà a Laura. Amore tenta di nuovo il poeta, ma invano: il suo potere è finito perché il suo regno «tanto si stendeva, quanto si stendevano le bellezze di Laura» (Castelvetro), e insomma coincideva con Laura, *era* Laura, e ora che Laura non c'è più non solo ogni altro amore è impossibile, ma Amore stesso ha perduto i suoi attributi, non è più nulla: «al tuo richiamar venir non degno, / ché segnoria non ài fuor del tuo regno»; «Indarno or sovra me tua forza adopre»; «Passata è la stagion, perduto ài l'arme / di ch'io tremava: ormai che puoi tu farme?»; «or se' tu disarmato; i' son securo» ecc. Solo una cosa, e nulla di meno, Amore potrebbe fare per riconquistare il cuore del poeta: ridare vita a Laura. Ma ciò è impossibile, e quello ch'è riuscito ad Orfeo è proibito al moderno poeta che non ha dinanzi a sé alcuna via che porti agli inferi e gli permetta di *retexere fata*: tra la vita e la morte non esistono varchi o punti di contatto.

Il tema centrale della canzone è precisamente quello della morte come perdita assoluta, come assenza che non conosce rimedi o palliativi, e priva dunque l'Orfeo moderno della sua proiezione mitica, e non solo vanifica l'efficacia del suo canto ma addirittura ne minaccia le ragioni ultime. Amore, infatti, non governa alcun regno che ecceda le misure del proprio unico e insostituibile oggetto: Amore, appunto, *è* Laura. Onde Petrarca arriva a suggerire che la sua eterna fedeltà a Laura morta non solo esclude ogni altro possibile amore, ma che è, tale postuma e totale dedizione, una forma d'amore affatto nuova e diversa perché culmina e infine diventa una cosa sola con l'esperienza traumatica e non risarcibile della perdita. Così, in quello ch'è uno dei più belli e intensi congedi del *Canzoniere*, la morte uccide l'amore e restituisce all'amante una vuota e desolata libertà:

> Morte m'à sciolto, Amor, d'ogni tua legge;
> quella che fu mia donna al ciel è gita,
> lasciando trista et libera mia vita.

Le nuove e subito respinte tentazioni d'Amore, in questa canzone e nel sonetto che segue, 271, *L'ardente nodo ov'io fui d'ora in hora*, sono state messe in relazione con l'episodio della 'donna gentile' nella *Vita nova*, e cioè con il momentaneo 'traviamento' di Dante. L'accostamento è utile soprattutto perché, attraverso le analogie, spiccano le differenze che ci aiutano a capire meglio la difficile trama del discorso petrarchesco. Fermiamoci un attimo sulla *Vita nova*. Lo schema narrativo è lineare: Beatrice muore, e dopo un periodo di forte crisi Dante è indotto a innamorarsi di un'altra donna che gli si era dimostrata pietosa del suo dolore; a questo punto, una «forte ymaginatione» di Beatrice che gli appare in sogno lo fa vergognare e lo libera da un tale «malvagio desiderio».

Del tutto diversamente, nel *Canzoniere* la morte di Laura, per quanto di sconvolgente e definitivo essa comporta, provoca un blocco insieme psicologico e morale che impedisce ogni ulteriore evoluzione nel poeta, anche quella che potrebbe consistere nella tentazione di un momento. Rovesciando la normale partitura narrativa dantesca, diremmo che non è Laura ma piuttosto la morte di Laura che impedisce al poeta di aprirsi alla possibilità di un nuovo amore: grossolanamente, proprio perché Beatrice è morta Dante può rappresentarsi come tentato dall'amore per un'altra donna, e proprio perché Laura è morta Petrarca *non può* innamorarsi di un'altra donna. Onde il disegno diverso, se non proprio opposto, nell'uno e nell'altro, e, va pur detto, la straordinaria forza interpretativa di Petrarca nel reimpostare entro parametri totalmente nuovi il discorso poetico in morte. Che è un discorso assai complesso, perché comporta che in lui non esista nulla che permetta di oltrepassare tanto l'esperienza quanto l'idea della perdita per sempre, e che sia appunto un pensiero siffatto a costituirsi quale irriducibile nucleo di realtà.

Con una serie di conseguenze decisive: per cominciare, la verità e la forza dell'amore appartengono al passato nel quale si sono rivelate e dal quale sono state cancellate, mentre il presente e il futuro sono i tempi senza fine della perdita e del progressivo allontanamento da quel radiante fulcro di vita che però non cessa di agire e di manifestare i suoi effetti, tuttavia percepibili come i cerchi nell'acqua dopo che il sasso che vi è stato gettato sia scomparso nelle sue oscure profondità. Onde la forma nuova e definitiva che la maledizione temporale assume: se la morte di Laura conferma al superstite che anche la sua vita è un «correre alla morte», e lo fa ormai con tanta intensità da proibirgli ogni nuova illusione d'amore, è anche vero che quello stesso superstite non può non volgersi indietro, verso ciò che ha perduto. L'unica vita *vera* – quella indubitabilmente vissuta, sofferta come tale – è precisamente quella che non c'è più e però essa si prolunga nel vuoto presente e, come quei cerchi, riempie il presente della memoria di sé: e questo paradosso esistenziale informa tutte le rime in morte e si trasforma in una sorta di universale metafora dell'impossibilità di vivere dopo aver vissuto e dell'impossibilità di amare dopo aver amato, mentre il presente dell'infelicità finisce per scomporre nel prisma della memoria anche il perduto oggetto del desiderio.

11. QUALE LAURA?

In queste rime Laura diventa una creatura assai ambigua. Come donna reale essa è «sotterra», fatta essa stessa terra che «non giunge osso a nervo» (319, 8: ma vedi pure 270, 5; 268, 34; 359, 61; 363, 3; 366, 92-93 e 121-122), ma è viva come immagine nella memoria del poeta. Ma qui essa torna ulteriormente a sdoppiarsi, perché l'immagine che il poeta ne ha e che effettivamente lo tormenta per un verso corrisponde alla Laura che è stata reale dinanzi ai suoi occhi e che egli conserva nella memoria, mentre per altro verso essa vorrebbe almeno tendenzialmente configurarsi come l'immagine scorporata di una Laura beata, immersa nella luce celeste e fatta ormai essa stessa di quella medesima sostanza luminosa. E le due immagini non sono per nulla la stessa cosa, appartenendo a campi tematici in forte reciproca dialettica: ma l'amante inevitabilmente le sovrappone, e trae da questa intricata verità esistenziale una serie di minuziose antitesi che investono la sua condizione di creatura psicologicamente divisa, e divisa precisamente nel suo difficile rapporto con quella doppia immagine. Le antitesi si moltiplicano, dunque, e ne generano altre e dilagano per l'intera trama del dettato poetico, e sono però governate da una coerenza sentimentale e logica e da un così esatto calcolo delle loro intime corrispondenze, quasi una verbale 'arte della fuga', che ha dello stupefacente.

I primi versi del sonetto 275 offrono un caso esemplare di una tale partitura antitetica (i corsivi sono nostri):

> Occhi miei, oscurato è 'l nostro sole;
> *anzi* è salito al cielo [...],

sviluppata nel sonetto 277, *S'Amor novo consiglio non n'apporta*, 9-11, ov'è questione della vita del poeta:

> Imaginata guida la conduce,
> ché la vera è sotterra, *anzi* è nel cielo,
> onde più che mai chiara al cor traluce:
>
> agli occhi no, ch'un doloroso velo
> contende lor la disiata luce,
> et me fa sì per tempo cangiar pelo.

La *vita* del poeta è dunque affidata a una guida puramente immaginaria, che non è che il fantasma nostalgico della vera Laura-sole che è morta e giace *sotterra*, oscurata per sempre... ma no, non è così, perché essa, come s'addice al sole, è salita al cielo, e di lassù splende e fa filtrare parte della sua luce sino al cuore del poeta. Il quale ha un rapporto turbato, instabile, con questa doppia presente verità di Laura, dal momento ch'egli continua a cercare le fattezze di un'altra Laura ancora, quella reale e realmente amata. Non il suo corpo morto né la sua anima, ma lei viva: la Laura perduta per sempre e però l'unica che ancora riesce a sedurre i suoi sensi. La sua luce presente, infatti, «al cor traluce», ma «agli occhi no»: gli occhi del corpo dolente (il *doloroso velo*) vogliono, esigono, la luce del corpo, non quella appena intuibile e a loro interdetta dell'anima.

Ma gli occhi non trovano attorno a sé solo il buio della morte e il dolore dell'assenza: con nuovo stupore, infatti, vanno anche riscoprendo tutta la bellezza naturale che a Laura viva e all'amore ha fatto cornice e che tuttavia lo richiama alla mente e ai sensi. Questo motivo – questo speciale 'ritorno a Valchiusa' che in maniera intermittente ma fortissima attraversa le rime in morte – che nasce sulla scia del ricordo di Laura e con esso si combina (si vedano in particolare i sonetti 278-281), dà al ricordo consistenza quasi fisica e presiede all'intatto perdurare della passione. Ciò, con nuova dialettica ambivalenza, da una parte complica e radicalizza il solco che trattiene il poeta di qua dalla pura contemplazione alla quale in maniera contraddittoria e lacerata pure aspira; dall'altra tuttavia, con bellissima articolazione e torsione del discorso, proprio il teatro naturale che richiama l'immagine viva di Laura restituisce a lei la parola, sì che essa, rievocata nella sua perduta realtà, dà in effetti testimonianza non già di ciò che è stata, ma invece dell'*altra* bellezza, quella dell'eterna luce alla quale ha aperto gli occhi morendo.

> Se lamentar augelli, o verdi fronde
> mover soavemente a l'aura estiva,
> o roco mormorar di lucide onde
> s'ode d'una fiorita et fresca riva,
>
> là 'v'io seggia d'amor pensoso et scriva;
> lei che 'l ciel ne mostrò, terra n'asconde,
> veggio et odo et intendo ch'anchor viva
> di sì lontano a' sospir' miei risponde:
>
> Deh, perché inanzi 'l tempo ti consume?
> – mi dice con pietate – a che pur versi
> degli occhi tristi un doloroso fiume?
>
> Di me non pianger tu, ché' miei dì fersi,
> morendo, eterni, et ne l'interno lume,
> quando mostrai de chiuder, gli occhi apersi.

Questo sonetto, il 279, accosta dunque i due paradisi abitati da Laura, e accosta anche due Laure: quella rievocata dalla fantasia come tuttavia presente nel paradiso di Valchiusa, e quella che parla di sé come di una creatura affatto nuova nell'eterno paradiso dei beati. Il passaggio da un paradiso all'altro è affidato, infatti, alle parole di lei, che morendo è rinata a nuova luce ed ha aperto gli occhi sull'*imago Dei* che, agostinianamente, l'anima custodisce nel profondo di sé e compiutamente conosce solo nel momento nel quale si separa dal corpo: aprire finalmente gli occhi sul proprio *interno lume* non è cosa diversa dall'aprirli al divino.

Così, il sonetto è attraversato da alcuni dei principali fili che s'intrecciano nella parte in morte: la rievocazione di Laura viva entro il magico scenario di Valchiusa; il suo ritorno quale fantasma dialogante e consolatorio; la garanzia ch'essa offre di un trascendente approdo nell'eternità al quale invita un amante ancora legato al suo paradiso terreno e alle terrene apparenze di lei. Questa prospettiva trascendente, per quanto intensamente e ripetutamente evocata, resta tuttavia impraticabile, ma è pur essa che costituisce l'orizzonte ultimo entro il quale Petrarca riesce a inscrivere le grandi invenzioni poetiche che animano questa seconda parte del *Canzoniere*: il colloquio con il fantasma di Laura e la postuma rivelazione ch'essa segretamente aveva ricambiato il suo amore.

12. L'AMOROSO COLLOQUIO

I due momenti – il colloquio e la rivelazione d'amore – sono profondamente legati e propriamente inconcepibili l'uno senza l'altro, quali momenti strutturanti attorno ai quali si sviluppa la strategia compositiva delle rime in morte. Il colloquio, innanzi tutto, ha un'importanza fondamentale, impossibile da sopravvalutare: si tratta infatti dell'invenzione che permette a Petrarca di affrontare in maniera originale e creativa la sezione in morte e di farne il capitolo finale di una vicenda d'amore che acquista, per questa via, organicità e completezza di senso. Il fantasma di Laura, ora diurno e vivo e spirante nell'*usato soggiorno* di Valchiusa (279; 280; 282; 286), e ora notturno (340, 341, 342, 343, ecc., e poi soprattutto nel cap. II del *Trionfo della Morte*, *La notte che seguì l'orribil caso*), gli appare, gli parla, dice di sé, lo consola e lo sollecita, sino al ritorno in grande, oltre che nel *Trionfo*, nella canzone 356, *Quando il soave mio fido conforto*. Non ci vuole di più per dare corpo al mito di un'amicizia amorosa ricca di tante e tali risonanze sentimentali da agire anche *à rebours*, quasi che tocchi, finalmente, proprio all'insospettabile postuma testimonianza della donna bella e irraggiungibile di colorare con i colori della verità i versi del suo poeta. Il quale non cessa, come abbiamo appena sopra visto nel sonetto 279, di rievocare il *locus amoenus* che trattiene intatta la memoria dell'amore e ne riattualizza la seduzione, come nei sonetti 281, *Quante fïate, al mio dolce ricetto*, e 282, *Alma felice che sovente torni*.

Ma queste fantasie di ritorno devono molto della loro trepida, fragile suggestione al fatto che sono sovrastate dalla consapevolezza che s'impone ormai quel salto radicale che Laura, di là dalla morte, addita. Ecco infatti le terzine del precedente sonetto 280:

> L'acque parlan d'amore, et l'òra e i rami
> et gli augelletti e i pesci e i fiori et l'erba,
> tutti inseme pregando ch'i' sempre ami.
>
> Ma tu, ben nata che dal ciel mi chiami,
> per la memoria di tua morte acerba
> preghi chi' sprezzi 'l mondo e i suoi dolci hami,

che fermano la prospettiva entro la quale i due successivi vanno letti. Come si vede, Petrarca ripete quanto ha fatto, in grande, con il sonetto introduttivo al *Canzoniere*: raddoppia le chiavi di lettura e suggerisce, nel caso, una linea di sviluppo dolce e quasi inavvertita ma psicologicamente motivata, che ha un sicuro andamento narrativo. Abbiamo già osservato l'ambivalenza delle rievocazioni valchiusane, che per un verso inchiodano il poeta al passato, e per altro verso hanno la funzione che diremmo progressiva di ridare corpo e voce al fantasma di Laura. Questa ambivalenza è l'anima di questi sonetti, nei quali ancora le immagini del passato sono dominanti, ma già in esse vibra l'attesa di un nuovo inizio («Così comincio a ritrovar presenti / le tue bellezze») e addirittura il miraggio di un amore corrisposto («mostrando in vista che di me le 'ncresca»).

Ma la realtà della morte ha davvero sciolto ogni vincolo e ucciso *quell*'amore, e il fantasma di Laura, vagheggiato «com'una donna viva», giunge precisamente a distruggere le illusioni attraverso le quali è stato evocato. Sì che il passo successivo consiste appunto nel dilagare di questa amara constatazione. Si veda al proposito come il poeta giochi con mirabile finezza sulle parole e addirittura sui suoni della sua disperazione. Le quartine del sonetto 291 ricamano in rima (A= *-ora* / B= *-oro*) attorno ai fonemi costitutivi delle varianti del nome di Laura, a cominciare dall'*Aurora* (*senhal* di Laura già in 239, 1) del primo verso per continuare con: «Ivi è Laura ora» del quarto, e l'*ora* in rima equivoca del quinto e *l'alloro* del settimo... E la terzina finale svela il gioco, e il dramma che in esso sin nasconde:

> le mie notti fa triste, e i giorni oscuri,
> quella che n'à portato i penser' miei,
> né di sé m'à lasciato altro che 'l nome.

Ma si leggano ancora le quartine del sonetto successivo, 292, che suonano aperta palinodia di quelle fantasticate apparizioni, ora minuziosamente replicate solo per essere contestualmente dissolte:

> Gli occhi di ch'io parlai sì caldamente,
> et le braccia et le mani e i piedi e 'l viso,
> che m'avean sì da me stesso diviso,
> et fatto singular da l'altra gente;
>
> le crespe chiome d'òr puro lucente
> e 'l lampeggiar de l'angelico riso,
> che solean fare in terra un paradiso,
> poca polvere son, che nulla sente.

Sarebbe inutile ripetere qui tutti i sonetti che lamentano la vittoria della Morte, «colei che tutto 'l mondo sgombra» e unico rimedio a se stessa: «i' cheggio a Morte incontra Morte aita» (327, 4 e 7, e ancora 332, 42: «né contra Morte spero altro che Morte»). Piuttosto, restando agli sviluppi del motivo del colloquio, è da osservare che i ritorni di Laura indotti da suggestioni e associazioni spontanee scoprono troppo presto la loro natura meramente illusoria, e che l'amante infelice e ossessionato dai propri fantasmi finisce per non accontentarsene e dunque li invoca e li provoca con sempre maggior forza, anche a costo di rinunciare alla loro parvenza di realtà e di accettarne deliberatamente la dimensione onirica. Così, a Laura rimproverata perché tarda le sue apparizioni il poeta non chiede già di mostrarsi «com'una donna viva», ma di tornare almeno in sogno, come «ombra» consolatrice (340, 14: «con la tua ombra acqueta i miei lamenti»), e con ciò appunto il vecchio motivo delle metamorfiche epifanie di Laura viva attraverso gli spettacoli naturali (si vedano almeno le strofe 3 e 4 della canzone 129, *Di pensier in pensier, di monte in monte*, e ancora 96, 6; 116, 12-14; 125, 66-74, ecc.) o addirittura altre donne (il sonetto 16) acquista un'inflessione nuova e si trasforma, lei morta e diventata *terra* e *polvere*, in una sorta di delirio mentale.

Laura torna in sogno, dunque, umile e benigna, e stabilisce con l'amante un rapporto esclusivo di assoluta intimità, e parla come una donna innamorata, con parole che solo lei e l'amante possono intendere:

Deh qual pietà, qual angel fu sì presto
a portar sopra 'l cielo il mio cordoglio?
ch'ancor sento tornar pur come soglio
madonna in quel suo atto dolce honesto

ad acquetare il cor misero e mesto,
piena sì d'umiltà, vòta d'argoglio,
e 'nsomma tal ch'a morte i' mi ritoglio,
et vivo, e 'l viver più non m'è molesto.

Beata s'è, che po' beare altrui
co la sua vista over co le parole,
intellecte da noi soli ambedui:

– Fedel mio caro, assai di te mi dole,
ma pur per nostro ben dura ti fui, –
dice, et cos'altre d'arrestare il sole.

(341)

Il poeta sogna, e l'incanto del sogno lo porta fuori dal tempo. E questa sospensione del tempo è il dono che Laura gli porta dall'eternità nella quale dimora, proprio mentre lo assicura del suo amore. Ancora una volta, dunque, l'ossessione amorosa si risolve nell'illusione di una sorta di precaria eternità che oppone al tempo divoratore l'allucinata verità dei suoi frammenti ai quali s'aggrappa e nei quali vive, quasi riparandoli in una sorta di bolla extratemporale. Ma una tale illusione, prima che perniciosa, è insostenibile, e nel giro di pochi sonetti entra in crisi. Se il poeta s'illudeva di poter appropriare quella piccola bolla d'eternità al suo infelice tempo terreno, e di dilatarla e di riempirla con i vecchi contenuti e di dimorare in essa, ebbene, si è ingannato. Il sole in verità non si arresta, l'implacabile luce del giorno caccia i sogni, il tempo e l'eternità tornano a dividersi, e Laura è davvero perduta. E il sonetto 344, *Fu forse un tempo dolce cosa amore*, rinuncia a inseguirne le apparizioni già invocate e ormai solo strazianti, e grida l'amara verità. L'«ombra» che per un momento sembrava portare quiete non fa che perfezionare quell'infelicità che un tempo, quando Laura era in vita, conosceva almeno qualche breve sosta:

Fu forse un tempo dolce cosa amore,

> non perch'i' sappia il quando: or è sì amara
> che nulla più; ben sa 'l ver chi l'impara
> com'ò fatt'io con mio grave dolore.
>
> Quella che fu del secol nostro honore,
> or è del ciel che tutto orna et rischiara,
> fe' mia requie a' suoi giorni et breve et rara:
> or m'à d'ogni riposo tratto fore.
>
> Ogni mio ben crudel Morte m'à tolto:
> né gran prosperità il mio stato adverso
> po' consolar di quel bel spirto sciolto.
>
> Piansi et cantai: non so più mutar verso,
> ma dì et notte il duol ne l'alma accolto
> per la lingua et per gli occhi sfogo et verso.

Ancora una volta, e non sarà l'ultima, Petrarca ribalta le cose secondo una perfetta consecuzione dialettica. Semplificando molto, ma rispettando l'essenziale, diciamo dunque che nelle rime in morte il poeta a tutta prima s'affida alla memoria che ha di Laura viva e all'illusione fomentata dal sogno di poter prolungare entro il proprio tempo terreno il rapporto amoroso con lei. Ma tale illusione, l'unica alla quale egli riesca ormai ad aggrapparsi, ha vita breve, e si consuma rapidamente. Nell'arco di pochi sonetti i suoi presupposti crollano. La dilatazione estatica del tempo che tornava a riempirsi d'amorosa dolcezza non regge all'urto con la realtà, e finisce per moltiplicare la dolorosa esperienza della perdita. E quel salto che già era tutto esplicito nelle parole di Laura torna a imporsi: ma lo fa, appunto, solo quando il poeta ha esaurito ogni altra possibilità ed è ritornato al punto di partenza avendo amaramente constatato che la beatitudine celeste di Laura non vale a consolarlo della sua terrena infelicità: «né gran prosperità il mio stato adverso / po' consolar di quel bel spirto sciolto».

Ma questa provocatoria affermazione ha anch'essa un valore di cerniera, di passaggio, perché chiude un capitolo mentre ne apre un altro, entro una serie di mosse perfettamente calibrate. Il sonetto 345, *Spinse amor et dolor ove ir non debbe*, parte proprio di qui, e recita il *mea culpa*: «l'amore e il dolore mi hanno fatto dire cose che non avrei mai dovuto dire»,

> Et ben m'acqueto, et me stesso consolo;

né vorrei rivederla in questo inferno,
anzi voglio morire et viver solo:

ché più bella che mai con l'occhio interno
con li angeli la veggio alzata a volo
a pie' del suo et mio Signore eterno.

Nella canzone 270, abbiamo visto, Amore avrebbe dovuto riportare Laura alla vita. Ora, il poeta riconosce che quel desiderio equivaleva a una bestemmia: la vita quaggiù è un *inferno* e piuttosto che rivedervi Laura egli preferisce la morte. Sono versi intensi e definitivi, che segnano il punto d'arrivo della storia d'amore. Oltre non ci può essere altro che l'intermittente ipotesi di un movimento opposto a quello sin qui perseguito: non più quello discendente della donna verso il poeta, ma quello ascendente del poeta verso la donna che lo invita al cielo, come avviene, per esempio, in bellissime forme discorsive, nella canzone 359, *Quando il soave mio fido conforto*.

C'è qualcosa, in tutto ciò, della situazione delineata da Dante nell'ultimo sonetto della *Vita nova*, *Oltre la spera*, ma con un'essenziale differenza. Là, la stupefacente e ancor muta contemplazione della gloria celeste di Beatrice segna l'inizio del lungo viaggio che dovrà riportare il giovane poeta sino a lei; qui, nel vecchio Petrarca, segna invece la fine del sogno e la lucida e solitaria attesa della morte: «voglio morire et viver solo», riscaldata dai toni dolcissimi dell'autocommiserazione e dell'elegia (che Dante detestava, ricordiamo) e dalle estreme apparizioni di Laura che ascolta, tace e piange.

Vago augelletto che cantando vai,
over piangendo, il tuo tempo passato,
vedendoti la notte e 'l verno a lato
e 'l dì dopo le spalle e i mesi gai,

se, come i tuoi gravosi affanni sai,
così sapessi il mio simile stato,
verresti in grembo a questo sconsolato
a partir seco i dolorosi guai.

I' non so se le parti sarian pari,
ché quella cui tu piangi è forse in vita,
di ch'a me Morte e 'l ciel son tanto avari;

> ma la stagione et l'ora men gradita,
> col membrar de' dolci anni et de li amari,
> a partar teco con pietà m'invita.
>
> (353)

13. L'AMORE RICAMBIATO

Delle molte cose che si potrebbero (e si dovrebbero) dire, almeno una va ancora sottolineata. Il poeta, nei suoi sogni come nei suoi deliri ad occhi aperti, fantastica su Laura che torna ad apparirgli e che, seppur con estremo ed evasivo pudore, gli confessa di averlo riamato e di essersi però impedita di manifestare il suo sentimento per la superiore ragione della salvezza dell'anima di entrambi. E appunto per questo essa in verità non muta l'atteggiamento tenuto in vita, e in maniera del tutto coerente, ora che conosce «tutte le vie» per salire al cielo e che ha percorso sino in fondo la propria, si volge e chiama a sé il poeta innamorato, gli si propone come modello e lo prega d'affrettarsi. Di là dall'ovvia osservazione che questa nuova funzione attribuita a Laura non è un'invenzione posticcia, ma semmai lo sviluppo coerente della dialettica amorosa del *Canzoniere* – e un'invenzione che arricchisce, a ritroso, anche la percezione delle liriche precedenti –, è importante osservare che nell'affabulazione petrarchesca l'io del poeta si dispone moralmente e mentalmente ad affrontare il nuovo percorso al quale la donna amata lo invita proprio perché essa è tornata e l'ha assicurato del suo amore e in qualche modo ne ha dunque riscattato l'intera esperienza per quello che essa è stata, senza modificarla o attribuire ad essa nuovi e improbabili significati.

Le estatiche, sognate apparizioni del fantasma di Laura, con la loro infinita dolcezza, assumono così una doppia valenza: negativa, perché guardano al passato e finiscono per aumentare il dolore e la frustrazione; positiva perché, fondate come sono sulle epifanie di Laura, pongono le condizioni indispensabili affinché l'innamorato sia indotto a uscire dalle illusorie architetture della memoria nelle quali la passione lo ha rinchiuso, e a ridefinire il proprio amore entro una prospettiva trascendente che resta inesplorata – è vero – ma agisce profondamente sul *Canzoniere*. È sin troppo evidente, infatti, che un amore non corrisposto non può approdare ad alcuna sublimazione paradisiaca, mentre, per contro, l'innamorato potrà eternare in cielo la propria vicenda solo se sia stato capace di concepirla come destino comune, suo e della sua donna. E, per conferire anche un minimo di realtà psicologica e fantastica all'ipotesi di una celeste corrispondenza d'amorosi sensi, occorre che già la vita di entrambi, prima, sia stata animata dal segreto palpito di un amore condiviso. Ed è, insomma, questo segreto palpito, questa inaudita possibilità che balena agli occhi del vecchio rammemorante poeta, la grande invenzione che riesce a conferire unità e senso di verità a tutta la compagine del *Canzoniere* senza farne un racconto a chiave e senza costringerlo nell'imbuto di un sovrapposto finale edificante (non lo è, infatti, la canzone alla Vergine, come vedremo). È invece vero l'opposto – e in ciò dobbiamo segnalare, ancora una volta, la genialità di Petrarca –, perché non sottrae nulla a ciò che è stato ma l'accoglie per intero, con tutti i suoi chiaroscuri, e l'arricchisce di significati possibili, di vibrazioni nuove, di inquietudini più sottili ecc. Il grande maestro è stato, senza dubbio alcuno, Dante, ma un Dante che Petrarca ha tanto ben compreso da riuscire a capovolgerlo e a costringerlo sul suo terreno. Il *Canzoniere* è anche, da questo punto di vista, una scommessa vinta contro Dante: la stessa scommessa, per altro, che in modi assai più scoperti e rischiosi anche i *Trionfi* fanno.

14. LA CANZONE ALLA VERGINE

La grande canzone 366, *Vergine bella, che di sol vestita*, chiude il *Canzoniere* sulle note alte di un definitivo bilancio, preparato dagli intensi sonetti che immediatamente la precedono, che umilmente rimette nelle mani di Maria il faticoso e turbato bagaglio della propria vita. I *fragmenta* che la compongono restano tali, ma ora, stretti finalmente tra il sonetto proemiale e la canzone finale, fanno corpo e possono essere riguardati tutti insieme come i frantumi di un'esperienza negativa che può essere offerta e bruciata sull'altare di una trascendenza cristiana che sola può soverchiare il volto oscuro e terribile della morte:

> [*Vergine*] o saldo scudo de l'afflicte genti
> contra' colpi di Morte et di Fortuna,
> sotto 'l qual si triumpha, non pur scampa
> (vv. 17-19)

Nel nome della Vergine non solo si *scampa* alla Morte e alla Fortuna, ma di esse si *trionfa*, cancellando la piaga del primo peccato e rovesciando il *pianto* in *allegrezza*:

> Vergine benedetta,
> che 'l pianto d'Eva in allegrezza torni
> (vv. 35-36)

Ma un siffatto trionfo non è già pacificamente acquisito e risolto in una condizione di serenità interiore. È ansiosamente, dolorosamente invocato, invece, come urgente rimedio contro l'orrida certezza della morte che incombe sul poeta, solo e smarrito in sua completa balìa:

> i' mi ritrovo sol, senza governo,
> et ò già da vicin l'ultime strida.
> Ma pur in te l'anima mia si fida
> (vv. 70-72)

> Vergine sacra et alma,
> non tardar, ch'i' son forse a l'ultimo anno.
> I dì miei più correnti che saetta
> fra miserie et peccati
> sonsen' andati, et sol Morte n'aspetta.
> (vv. 87-91)

> Vergine, in cui ò tutta mia speranza
> Che possi et vogli al gran bisogno aitarme,
> non mi lasciare in su l'extremo passo
> (vv. 105-107)

E ancora nel bellissimo congedo, vv. 131-137:

> Il dì s'appressa, et non pote esser lunge,
> sì corre il tempo et vola,
> Vergine unica et sola,
> e 'l cor or conscïentia or morte punge.
> Raccomandami al tuo Figliuol, verace
> homo et verace Dio,
> ch'accolga 'l mïo spirto ultimo in pace.

I giorni corrono come saette, il tempo vola, e il *cuore* è torturato da ciò che è stato (la *coscienza*) e da ciò che sta per essere (la *morte*: quasi una ripresa e sviluppo, dunque, di 272, 3-4: «le cose presenti et le passate / mi dànno guerra, et le future anchora»). Ma se non il cuore, lo *spirito* può invece essere in *pace*, a condizione che offra in sacrificio ciò che sino a quel momento l'ha costituito e ancora dura:

> Vergine, i' sacro et purgo
> al tuo nome et penseri e 'ngegno et stile,
> la lingua e 'l cor, le lagrime e i sospiri.
> Scorgimi al miglior guado,
> et prendi in grado i cangiati desiri
> (vv. 126-130)

Il poeta, con bell'*hysteron proteron*, prima purifica e poi consacra alla Vergine i suoi pensieri e l'ingegno e lo stile, la lingua e il cuore, le lacrime e i sospiri. Si tratta del rifiuto finale non solo del proprio passato, ma anche di ciò che al presente il poeta continua ad essere e ad amare: un rifiuto dunque ch'è anche, una spoliazione sacrificale e salvifica, come quello del naufrago che per salvarsi butta a mare il prezioso carico che grava la sua barca.

L'anima della canzone, la sua intensa drammaticità, sta in questo momento di lacerante attesa, quasi una terra di nessuno sospesa tra le rovine del passato (per due volte, vv. 92 e 121, torna l'immagine di Laura come *terra*, ma già come *terra* il poeta percepisce se stesso, v. 13, e netto d'ogni *terrestro limo*, d'ogni scoria terrena, egli supplica sia questo suo *ultimo pianto*, come non era stato l'altro, quello di tutta la vita) e l'incombente futuro che s'annuncia sdoppiato, quasi una sorta di bivio pitagorico tra la materiale e intollerabile certezza di una fine che «non consente uscita dal ciclo ossessivo degli eventi mondani e dalla circolarità della scrittura amorosa» (Gorni), e la speranza di una *pace* che, di là dalla morte, Petrarca prega gli sia concesso di raggiungere. La disposizione penitenziale e l'intento edificante, dunque, mentre lo chiudono, aprono il *Canzoniere* alla scommessa estrema, all'ultima sfida con la morte che provoca da parte del vecchio poeta un commovente rilancio. Laura non ha saputo nulla delle sofferenze dell'amante, e se anche avesse saputo non avrebbe potuto comportarsi diversamente, «ch'ogni altra sua voglia / era a me morte, et a lei fama rea» (vv. 96-97). Ma la Vergine *sa* e può dunque quello che a Laura era interdetto: «por fine al mio dolore», dare la pace.

La canzone non è, dunque, un frigido monumento di retorica che resta, poco o tanto, estraneo all'intima ispirazione di Petrarca, ma è precisamente il testo che la riassume e la ripropone con accenti di confessione, a fronte dell'imminente appuntamento con la morte. Si dice questo perché in effetti la canzone ha scontato a lungo e forse tutt'ora sconta la condanna pronunciata a suo tempo da De Sanctis di fredda e decorosa litania (altri l'ha definita addirittura «un centone alla maniera medievale», altri ancora una «solfa pretesca»). Ma non è in alcun modo così, perché è proprio la sua splendida eloquenza che garantisce la saldatura tra i fili della ritualità liturgica e quelli dell'affanno esistenziale, intrecciati nel tono solenne e definitivo di un testo postumo che, insieme al primo sonetto, può guardare ai *fragmenta* in maniera non frammentaria, e può sacrificare le loro umane verità alla speranza che le trascende.

CAPITOLO 5

I Trionfi

I *Trionfi* costituiscono l'altra grande opera poetica volgare di Petrarca, in terzine dantesche, giunta al termine con il *Trionfo dell'Eternità*, composto nel gennaio-febbraio 1374 e conservato autografo nei fogli del codice Vaticano 3196 (nello scartafaccio Vaticano esiste anche l'autografo del *Trionfo d'Amore* III 46-169), ma non finita perché, indietro, troppe parti non hanno avuto una stesura definitiva. Quando sia stata cominciata, non si sa: la prima postilla datata risale al 1357, ma il lavoro a quella data era certamente cominciato da tempo. Su indizi assai labili si tende ora a porre la data d'inizio nella primavera del 1352, durante l'ultimo soggiorno valchiusano, e a scartare in maniera sicuramente troppo sbrigativa l'interessante ipotesi già di Calcaterra e poi di Wilkins, e accettata da Raimondi, da Nicholas Mann, da Ariani e recentemente riproposta con nuovi argomenti anche da Dotti, secondo la quale almeno i primi capitoli del *Trionfo d'Amore* sarebbero stati concepiti intorno agli anni '40, quando l'ambiziosa idea di un poemetto trionfale su Amore non apparirebbe davvero inopportuna (del resto, l'idea stessa del trionfo non sembra facilmente scompagnabile dall'esperienza dell'incoronazione capitolina, nel 1341). Tale ipotesi, che ha dalla sua una serie di indizi convergenti, tocca naturalmente alcuni punti delicati: non tanto quello dei rapporti con l'opera di Dante che ormai si dà per certo che Petrarca abbia conosciuto si può dire da sempre, quanto quello dei rapporti con l'*Amorosa visione* del Boccaccio (preteso ispiratore di Petrarca, secondo la tesi di Vittore Branca), che sono tuttavia in discussione.

1. IL TESTO

Come si accennava, la massa ingente di tutti i materiali rimasti dimostra che il poeta non ha affatto chiuso la sua opera come ha fatto con i *Rvf*, e spesso non ha scelto tra versioni concorrenti, sì che al moderno editore è preclusa la soluzione facile che il *Canzoniere* offre: quella, appunto, che guarda esclusivamente alla versione ultima e autorizzata, e ne mette tra parentesi la preistoria. Solo per dare un'idea di massima e lasciar intuire il numero e la difficoltà dei problemi posti dalla costituzione di un testo critico, ricordiamo che dei *Trionfi* abbiamo: *Tr. d'Amore* I: tre redazioni; *Tr. d'Amore* II: tre redazioni; *Tr. d'Amore* III: tre redazioni di diversa consistenza; *Tr. d'Amore* IV: tre redazioni di diversa consistenza; *Tr. della Pudicizia*: quattro redazioni di diversa consistenza; *Tr. della Morte* I: due redazioni; *Tr. della Morte* II: due redazioni (s'aggiunga il frammento rifiutato *Quanti già*, di 21 versi); *Tr. della Fama* I (in parte derivato dalla versione «mista» di *Tr. della Fama* Ia, *Nel cor*); *Tr. della Fama* II: due redazioni; *Tr. della Fama* III: due redazioni (probabilmente avrebbe dovuto essere sostituito da *Tr. della Fama* IIa, *Poi che la bella*, capitolo scoperto e pubblicato da Roberto Weiss nel 1950: ma per altri costituirebbe invece una versione precedente); *Tr. del Tempo*: due redazioni; *Tr. dell'Eternità*: due redazioni.

Di qui il fatto che la meritoria impresa di Carl Appel, che ha dato un'edizione critica del poema nel 1901, non è stata ancora sostituita, pur dopo i nuovi importanti materiali che si sono aggiunti: in particolare il *Tr. della Fama* IIa, *Poi che la bella e gloriosa donna*, nel codice Harleiano 3624 della British Library, scoperto e pubblicato da Roberto Weiss nel 1950; l'incunabolo British Library IB 25926 dell'edizione Zaroto, Milano, 1473, fittamente arricchito di varianti redazionali da Ludovico Beccadelli, scoperto e illustrato da Giuseppe Frasso nel 1983. Ma è ormai vicino alla conclusione Emilio Pasquini che, molto severo con Appel, sta appunto preparando il testo per il 'Petrarca del centenario', dopo averne dato un'importante anticipazione. L'edizione non pare che debba discostarsi molto dalla vulgata, per la quale fa testo l'edizione di Chiòrboli del 1930 per gli *Scrittori d'Italia*. Avremo così la conferma dei dodici capitoli della vulgata contro la diversa e più rigida opzione di Appel, che riduceva a dieci i capitoli perché espungeva *Tr. d'Amore* II, *Stanco già di mirar*, da sempre di dubbia collocazione, e *Tr. della Morte* II, *La notte che seguì*, sulla base del fatto che il rifiutato *Tr. della Fama* Ia ne è l'evidente continuazione, mentre *Tr. della Fama* I è altrettanto evidentemente agganciato alla parte finale di *Tr. della Morte* I.

Entrare nel merito di tali questioni è in ogni caso impossibile in questa sede:

si può solo aggiungere che Gorni appare più vicino ad Appel, del quale rafforza la scelta di escludere *Tr. della Morte* II con l'argomento metrico delle rime ripetute che Petrarca elimina sistematicamente, sì che là dove esse compaiono (ed è appunto il caso del capitolo) avremmo a che fare con redazioni non definitive o accantonate per sempre. Con questo criterio, inoltre, sarebbe da preferire la redazione breve di 151 vv. del *Tr. della Pudicizia*, tràdita dal codice Parmense, dall'Harleiano e dall'incunabolo londinese, a quella canonica di 193. Ma appunto, ciò valga solo a mostrare quanto grande sia ancora il margine di dubbio e la possibilità di operare scelte diverse, e quanto l'edizione Pasquini e la discussione che susciterà siano attese, per ricavare qualche nuova certezza.

2. LA STRUTTURA

Il disegno dell'opera si compone di sei trionfi ispirati all'antica cerimonia con la quale, al ritorno in Roma, veniva celebrato il generale vittorioso che sfilava attraverso la città sino al Campidoglio entro un corteo che comprendeva i suoi soldati, i prigionieri e il bottino di guerra. I trionfi di Petrarca corrispondono ad altrettante visioni del narratore-protagonista, inizialmente accompagnato da una guida di dubbia identità (Cino da Pistoia? Francesco da Barberino? addirittura Dante?), articolati in capitoli di lunghezza diseguale: il più corto, *Trionfo della Fama* III, è di 121 versi; il *Trionfo della Pudicizia*, con i suoi 193 versi, è il più lungo. Nell'ordine, il *Trionfo d'Amore*, in quattro capitoli: davanti al carro di Amore trionfante sfilano i suoi prigionieri, ossia gli amanti più celebri d'ogni tempo. Primi vengono gli amanti dell'età classica (si comincia con Giulio Cesare e si finisce con gli dei dell'Olimpo, capitanati da Giove); il capitolo secondo dà grande spazio alla storia di Massinissa e Sofonisba, protagonisti del celebre episodio dell'*Africa*; il terzo, dopo molte altre coppie classiche e bibliche (Egisto e Clitennestra, Piramo e Tisbe, Ero e Leandro, Ulisse e Circe, ecc.; Davide e Betsabea, Sansone e Dalila, ecc.) comprende i medievali Tristano e Isotta, Lancillotto e Ginevra, Paolo e Francesca (III 83-84: «la coppia d'Arimino, che 'nseme / vanno facendo dolorosi pianti»), e proprio a questo punto il protagonista si trova dinanzi alla «giovenetta» Laura ed entra così a far parte del corteo, traendone occasione per una lunga digressione sulla natura violenta e irrazionale d'amore. Nell'ultimo capitolo, il quarto, compaiono i poeti d'amore, dai greci capitanati da Orfeo (con Alceo, Pindaro, Anacreonte) ai latini (Virgilio, Ovidio, Catullo, Properzio, Tibullo: dopo di essi viene però Saffo). Seguono i moderni, distinti in italiani e provenzali, attraverso i quali Petrarca delinea una assai calibrata storia della lirica volgare che porta (l'ha ben verificato Ariani) al *Canzoniere*. Gli italiani sono guidati da Dante e Beatrice, ai quali seguono Cino da Pistoia e Selvaggia, Guittone d'Arezzo che a sua volta precede i due Guidi, Guinizzelli e Cavalcanti (ed è giudizio assai significativo), Onesto Bolognese e i poeti siciliani, un tempo «primi» ma ora ultimi, superati da nuove scuole e nuove personalità, e infine gli amici carissimi di Petrarca Sennuccio del Bene e Franceschino degli Albizi. A questi segue la schiera assai nutrita dei provenzali, con la quale Petrarca rende omaggio alla sua seconda patria poetica: «fra tutti il primo» è Arnaut Daniel, «gran maestro d'amor, ch'a la sua terra / ancor fa onor col suo dir strano e bello» (IV 41-42), seguito da Peire Vidal, Peire Rogier, Arnaut de Maruelh, Raimbaut d'Aurenga e Raimbaut de Vaqueiras, Peire d'Alvernha, Giraut de Bornelh, Folquet de Marselha, Jaufre Rudel, Guilhem de Cabestanh, Aimeric de Peguilhan, Bernart de Ventadorn, Uc de Saint Circ, Gaucelm Faidit. Dopo questi Petrarca dedica un commosso ricordo agli amici più cari: il siciliano Tommaso Caloiro conosciuto negli anni universitari di Bologna, morto prematuramente; Socrate (Ludovico Santo di Beringen) e Lelio (il romano Lello di Pietro Stefano de' Tosetti), e con loro compie il tragitto finale del corteo sino all'isola di Cipro, sacra a Venere, ove conosce la schiavitù e lo strazio che gli amanti sono condannati a soffrire.

Segue il *Trionfo della Pudicizia*, in un capitolo: la Pudicizia, impersonata da Laura, trionfa su Amore, lo fa prigioniero e tocca a lei di guidare il corteo sino a Literno, presso Baia, ov'è la villa di Scipione l'Africano. Il condottiero si unisce al corteo, che prosegue il suo cammino sino al tempio della Pudicizia in Roma. Segue il *Trionfo della Morte*, in due capitoli: nel primo, in parte ispirato alla tremenda peste del 1348, la Morte uccide Laura e segna così il limite invalicabile d'ogni eccellenza umana; il secondo è occupato dal lungo episodio, forse il più noto del poema, nel quale Laura torna in sogno a visitare il poeta e gli dichiara d'averlo riamato, ma di aver tenuto accuratamente nascosto questo suo sentimento.

Segue il *Trionfo della Fama*, in tre capitoli: la Fama garantisce all'uomo una parziale vittoria sulla Morte, come mostra il lungo corteo degli uomini famosi che si apre con la «gente di ferro e di valore armata», cioè con i grandi condottieri romani, ai quali seguono, nel secondo, i greci e molti altri, mentre chiudono l'elenco Roberto d'Angiò e Stefano Colonna il Vecchio; il terzo capitolo è dedicato ai filosofi e oratori e scrittori antichi, guidati da Platone (poi, nell'ordine, Aristotele, Pitagora, Socrate, Senofonte, Omero, Virgilio, Cicerone,

Demostene, Eschine, Solone, Varrone, Sallustio, Tito Livio, ecc., per finire con Zenone e Cleante (ma si ricordi che il testo vulgato, che qui si segue, è in ogni caso largamente perturbato).

Nel *Trionfo del Tempo*, in un capitolo, il Sole, per punire la presunzione d'eternità che la Fama parrebbe garantire agli uomini, moltiplica la sua velocità e dunque la velocità del tempo da lui scandito, e dimostra con terribile evidenza come ogni realtà mondana, e tra esse la fama, sia destinata alla distruzione. Conclude infine il *Trionfo dell'Eternità*, in un capitolo: l'Eternità trionfa sul Tempo, e dunque sui processi di mutamento e di corruzione, e salva per sempre ogni fama e ogni bellezza.

3. L'IMITAZIONE DANTESCA

Un poema in terzine in cui il protagonista, assistito da una guida, e il narratore coincidono; che è organizzato secondo una serie di visioni popolate da illustri defunti di ogni epoca; che segue una linea ascensionale di sviluppo che culmina nell'ultraterrena dimensione dell'eternità, non può essere stato concepito fuori dal modello della *Commedia* dantesca. E infatti le risorse narrative, le astuzie tecniche del racconto, i nessi discorsivi, le similitudini la richiamano a ogni passo. Con ciò, come si accennava, Petrarca non ha perduto la sua sfida. Non che l'abbia vinta, ma certamente, attraverso Dante, è riuscito a creare uno spazio tutto suo, e in esso ha collocato alcune idee felici. Quella 'trionfale', innanzi tutto, con la quale prendeva subito le distanze dall'ingombrante precedente in nome di un nuovo umanesimo volgare che avrebbe conosciuto enorme successo nei secoli successivi, sanzionato dalle numerosissime e importanti trasposizioni nel campo delle arti figurative. Da questo punto di vista, dunque, la *Commedia* è una sorta di ipermodello che non risolve il problema delle fonti di Petrarca, che certo occupano un arco molto vasto, dal mondo classico a quello medievale, e che troviamo stipate passo dopo passo nelle singole parti del poema, nelle singole descrizioni e nella definizione dei vari personaggi, sì che l'opera è anche il repertorio vastissimo delle letture e della cultura di Petrarca. Ogni fonte particolare, tuttavia, cede dinanzi alla concezione dell'insieme che, specialmente per quanto riguarda i *Trionfi* successivi a quello d'Amore (per il quale è stato relativamente facile allineare una serie di spunti precedenti, a partire da Ovidio), sembra affatto nuova. Certo, per il *Trionfo della Pudicizia* è stato allegato il poemetto di Ausonio *Cupido cruciatus*, ove le donne vittime d'amore catturano il dio e si vendicano infliggendogli vari tormenti (ciascuna, infatti, cerca d'assolvere se stessa scaricando su Cupido le proprie colpe: il che, come si vede, è l'opposto di quello che avviene in Petrarca). Per il *Trionfo della Morte* è stato inevitabilmente ricordato il grande affresco del Camposanto di Pisa, con tutto il corteo di fonti e immagini relative; per il *Trionfo della Fama* le tante rassegne di uomini illustri... Si tratta – questi e molti altri, tra cui ha un posto particolare la *Psychomachia* di Prudenzio – di materiali sicuramente pertinenti, oggetto di importanti indagini erudite, ma alla fin fine esterni alla concezione dialettica dell'opera che per via di 'superamenti' successivi finisce per essere caratterizzata dalla grandiosa astrazione concettuale degli ultimi due trionfi: il *Trionfo del Tempo* e quello dell'*Eternità*, che sembrano invenzioni tutte petrarchesche, maturate pur sempre sugli amati testi di Cicerone, Seneca e sant'Agostino.

Quando, nel secondo capitolo del *Trionfo del Tempo*, vv. 37 ss., leggiamo:

> Allor tenn'io il viver nostro a vile,
> per la mirabil sua [*del sole*] velocitate,
> vie più che inanzi nol tenea gentile.
> E parvemi terribil vanitate
> fermare in cose il cor che 'l Tempo preme,
> che, mentre più le stringi, son passate.
> [...]
> Segui' già le speranze e 'l van desio;
> or ò dinanzi agli occhi un chiaro specchio,
> ov'io veggio me stesso e 'l fallir mio;
> e quanto posso al fine m'aparecchio,
> pensando al breve viver mio, nel quale
> stamani era un fanciullo ed or son vecchio,

e i versi che seguono, siamo forzatamente riportati al *Canzoniere*, e di là dal *Canzoniere* al *Secretum*, e a tante lettere che forniscono serie impressionanti di riscontri letterali (abbondantemente riferiti nell'amplissimo commento di Vinicio Pacca), e a tante pagine delle *Tusculanae* di Cicerone... E se leggiamo il *Trionfo dell'Eternità*, vv. 62 ss.:

> [...] un'ora sgombra
> quanto in molt'anni a pena si raguna.
> Quel che l'anima nostra preme e 'ngombra:

'dianzi', 'adesso', 'ier', 'deman', 'matino' e 'sera',
tutti in un punto passeran com'ombra.
Non avrà loco 'fu', 'sarà' ned 'era',
ma 'è' solo, 'in presente', ed 'ora', ed 'oggi',
e sola 'eternità' raccolta e 'ntera';
quasi spianati dietro e 'nanzi i poggi
ch'occupavan la vista, non fia in cui
vostro sperare e rimembrar s'appoggi,

sono le *Confessiones* di sant'Agostino che impongono direttamente la loro presenza (nel caso, IX 10, 24: ma anche *De vera religione* 49, 97; *En. In Psalmos* CI 2, 10 ecc.), insieme ai libri profetici della Bibbia. E ciò vale appunto a mostrare come Petrarca abbia predisposto la grande scenografia di questi ultimi due *Trionfi* per liberare in essa tutta la forza, anche fantastica, di testi familiari e già mille volte riecheggiati, riversandone i temi in forme di alta eloquenza predicatoria e in una sintassi diretta, fomentata dal meccanismo metrico della terzina, che ben corrisponde alla nuova, spoglia ruvidità delle immagini. Così, potremmo riassumere che nel poema si sommano due linee fondamentali: da un lato, quella fondata sull'immagine dei cortei di Amore e della Fama, concepiti e descritti come i trionfi dei condottieri romani, che permettono di ripetere e nello stesso tempo di superare vecchi apparati enciclopedici, immettendo in essi una tensione culturale moderna, carica di tutte le conquiste dell'erudizione e della filologia di Petrarca; dall'altro lato, quella degli ultimi due trionfi, che riescono a trascendere tanta materia coniugandola con il grande tema agostiniano del tempo e dell'eternità attraverso una scenografia tutta mentale di profonda suggestione, che fa del *Trionfo dell'Eternità*, in particolare, uno dei più grandi ed emozionanti risultati della poesia di Petrarca.

4. I *TRIONFI* E IL *CANZONIERE*

La lettura dei *Trionfi* rimanda di continuo al canzoniere, lo presuppone. Ripensando al rapporto *Vita nova-Commedia*, Santagata ha scritto che «il poema petrarchesco instaura con il *Canzoniere* un rapporto di continuità analogo a quello che lega la *Commedia* al romanzo giovanile. L'elemento unificante di entrambe le coppie è il ruolo della donna mito: protagonista del libro amoroso e poi attrice di primo piano del poema», sì che se ne può dedurre «che i *Triumphi* presuppongano il libro di versi e nascano come prosecuzione e ampliamento di quell'esperienza». È davvero così (naturalmente, da questa stessa constatazione muovono poi tutte le possibili osservazioni circa le profonde ed evidenti differenze che, nella generale affinità, rendono così distanti Dante e Petrarca) e, anche se Laura è assente da moltissime parti dei *Trionfi*, basta a dimostrare la centralità del suo ruolo l'inizio del poema, con la rievocazione del primo incontro, e la fine con l'immagine di lei nell'eternità. Ma soprattutto il *Trionfo della Morte*, con la lunga parte del primo capitolo dedicata alla morte di Laura (vv. 103-172), e poi con tutto il secondo capitolo (190 versi) dedicato al lungo dialogo che il fantasma di lei intreccia con il poeta, è una sorta di patetica chiosa e quasi un controcanto al *Canzoniere*, e solo un fitto gioco di rimandi intertestuali ce ne restituisce il senso. Di là dalle riprese lessicali e d'immagine e di ritmo, si veda, per esempio, come sia anche qui accennato il motivo della triste libertà del poeta, dopo la morte della donna (I 136-137: «Nesun di servitù già mai si dolse / né di morte, quant'io di libertate»), o l'altro, della violazione, nel caso di Laura, della giusta successione delle morti secondo l'età (I 139-140: «Debito al mondo e debito a l'etate / cacciar me inanzi, ch'ero giunto in prima»: vedi *Rvf* 246, 8, e 270, 97-98, ma è motivo frequente anche nelle lettere, ed è dibattuto nel *Secretum*) ecc.

Ma non è il caso di insistere sui numerosi e ovvi riscontri. Semmai, è più interessante osservare come Petrarca, appunto, intenda proseguire e ampliare il *Canzoniere*, costruendo qualcosa che là manca e sarebbe probabilmente fuori posto, cioè la lunga sceneggiatura della morte di Laura, trasferita nella dimensione del mito (I 113 ss.: «Allor di quella bionda testa svelse / Morte co la sua man un aureo crine. / Così del mondo il più bel fiore scelse / [...]»), e arricchita (ancora dantescamente) di una speciale evidenza narrativa attraverso la corale presenza delle «belle donne intorno al casto letto», e infine descritta nei famosi versi finali:

> Pallida no, ma più che neve bianca,
> che senza venti in un bel colle fiocchi,
> parea posar come persona stanca.
> Quasi un dolce dormir ne' suo' belli occhi,
> sendo lo spirto già da lei diviso,
> era quel che morir chiaman li sciocchi.
> Morte bella parea nel suo bel viso.

Il secondo capitolo poi, che costituisce una lunga parentesi all'interno della progressione trionfale, è addirittura leggibile come la 'vera storia' del *Canzoniere*: la storia là vissuta per frammenti, per sguardi, sul filo delle emozioni e degli stati d'animo del protagonista, ora Petrarca la stacca da sé e l'affida alle parole di lei, che subito gli appare e si fa riconoscere come quella che gli ha condizionato la vita allontanandolo da ogni *altro lavoro* (II 13-14: «Riconosci colei che 'n prima torse / i passi tuoi dal publico viaggio»), e predispone il colloquio e lo guida con mano ferma (25-26: «Ma 'l tempo è breve, e nostra voglia è lunga. / Però t'avisa, e 'l tuo dir stringi e frena»).

Le domande del poeta sono poche: morire è cosa dolorosa? (30 e 43-45); Laura, ha avuto qualche volta pietà del suo infelice innamorato? (76-84); davvero egli può crederle, quando dice che ne ha ricambiato l'amore? (121-122); quanto gli resterà da vivere senza di lei? (184-188). Poche e brevi, a fronte delle diffuse spiegazioni che Laura ogni volta dà, scrivendo appunto l'*altra* storia, quella vera. Il suo cuore è sempre stato legato a quello del suo amante, anche se il viso mostrava il contrario perché «a salvar te e me null'altra via / era» (91-92): così, l'apparenza irata nascondeva l'amore ch'essa provava (100-101: «Più di mille fiate ira dipinse / il volto mio, ch'Amor ardeva il core»), e appunto per amore essa, vedendo talvolta l'amante soccombere al dolore, gli era stata generosa del suo saluto:

> Questi fur teco miei ingegni e mie arti:
> or benigne accoglienze, ed ora sdegni.
> Tu 'l sai, che n'ài cantato in molte parti.
> (109-111)

Molte altre cose dice Laura, spiegando ancora la necessaria e apparentemente contraddittoria alternanza dei suoi comportamenti, suggeriti da un amore di cui il poeta avrebbe dovuto accorgersi, almeno in un'occasione precisa:

> Ma non si ruppe almen ogni vel, quando
> soli i tuo' detti, te presente, accolsi,
> 'Di più non osa il nostro amor' cantando?
> (148-150)

Il dettato è ambiguo (*soli* vale per 'essendo noi due soli'? oppure, come in genere s'intende, 'ho accettato solo da te versi d'omaggio amoroso'? oppure ancora: 'da te ho accettato solo versi, e niente altro'?), ma straordinario è comunque il gioco d'intarsio che Petrarca qui conduce con il *Canzoniere*. Prima richiamandolo esplicitamente a conferma delle *benigne accoglienze* e degli *sdegni* di Laura di cui quello offre la cronaca dal punto di vista di chi li patisce senza comprenderli; poi, facendo di Laura un personaggio che a sua volta canta e, di più, ruba il ruolo al poeta rievocando essa stessa un episodio complesso e intrigante (quasi una riedizione rivista e corretta dell'episodio dantesco di Paolo e Francesca: nel quale è appunto la donna che racconta…) che nel *Canzoniere* starebbe benissimo, se si ricorda, per esempio, il sonetto 245, *Due rose fresche, et colte in paradiso*, nel quale sembra che di nuovo Laura e il suo poeta si trovino pubblicamente insieme in una situazione assai intensa e delicata (per quanto anche qui esistano varie incertezze d'interpretazione).

Proprio questa parte del *Trionfo della Morte*, tuttavia, deve mettere in guardia dal leggere i *Trionfi* solo in controluce, mirando al *Canzoniere*, quasi si tratti di versi che hanno fuori di sé il loro significato. Il rapporto è più complesso almeno per due ordini di motivi: il primo, che i *Trionfi*, attraverso le parti sommariamente considerate, intendono accompagnare ambiziosamente a quei *fragmenta* un filo unitario interno (diverso dunque da quella cornice straniante e giudicante imposta dal sonetto proemiale), quale controcanto oggettivo di una storia d'amore tutta soggettiva, con notevolissimi effetti di tenuta narrativa in chiave psicologica. Il secondo, più comprensivo, sta nel fatto che, nella loro essenza, i *Trionfi* costituiscono l'esplicitazione fantastica, relativamente pura, dei nuclei di contenuto più profondi del *Canzoniere*, quasi l'essenziale repertorio dei miti e dei grumi concettuali che lo generano, quelli che il *Secretum* non a caso discute a fondo: l'Amore e la Gloria / il Tempo e la Morte. Ciò è soprattutto chiaro nei due *Trionfi* finali, del Tempo e dell'Eternità, nei quali Petrarca è certamente andato vicino come non mai alle ragioni ultime della sua ispirazione: in quei *Trionfi* l'ossessione e la maledizione temporale che lo assediano, il senso della labilità, la percezione acuta del passare del tempo e della relatività della vita, e insieme il punto esatto in cui tutto ciò incrocia il desiderio e lo incide e lo piega a risonanze infinite, s'è finalmente fissato in forme di alta, astratta eloquenza intellettuale, quasi gli archetipi segreti della cronaca sentimentale di cui le liriche danno così esatto conto.

5. I MITI DELLA RESURREZIONE

Scrive Maria Cecilia Bertolani, alla quale si devono gli studi più recenti e innovativi sui *Trionfi*, che dovremmo «comprendere come il tema della resurrezione, dominante nel *Trionfo dell'Eternità*, possa finalmente sanare il conflitto rimasto aperto per tutto il *Canzoniere*. In virtù della resurrezione, la bellezza non più peritura diviene il segno che nulla della natura dell'uomo va perduto». Il punto è fondamentale, e può forse essere ripreso a partire dal vecchio punto di vista secondo il quale Petrarca sarebbe stato un credente piuttosto convenzionale, che ha accettato il credo religioso per una sorta di opportunismo intellettuale e morale, senza slanci profondi e vera partecipazione. In tal senso il divino, essenzialmente concepito come eternità, non sarebbe altro, in lui, che il potenziamento dell'umano finalmente salvato dai suoi due micidiali nemici, il Tempo e la Morte: sarebbe, dell'umano, la salvezza e l'apoteosi, come il *Trionfo dell'Eternità* dimostrerebbe appieno. E nei *Trionfi*, in effetti, l'unica medicina contro le devastazioni prodotte da quei due nemici è dapprima la memoria umana nella sua doppia funzione affettiva e culturale, e poi, definitivamente, è l'eternità che si realizzerà con la resurrezione. Tra la memoria del vivente (che può assumere forma onirica) e la resurrezione, il regno dei morti non ha in Petrarca spazio alcuno, non esiste (mai avrebbe potuto concepirne una rappresentazione al modo della *Commedia*): egli, invece, passa direttamente, con frizione immediata e violenta, dalla morte alla resurrezione, perché solo in essa può essere risarcito il lutto della perdita di un corpo fatto *terra*.

Dopo la morte di Laura abbiamo visto come Petrarca sia assolutamente preciso nel denunciarne il disfacimento corporeo, e come, sintomaticamente, affronti subito il tema di fondo della resurrezione (anche nell'invocazione ad Amore, in 270,14-15: «ritogli a Morte quel ch'ella n'à tolto, / et ripon' le tue insegne nel bel volto»), che per essere spesso dissimulato, non cessa per questo di porsi come il nucleo dialettico che vive e cresce entro il lungo discorso in morte. Due esempi emblematici che ci introducono perfettamente al *Trionfo dell'Eternità* sono costituiti dalla quarta stanza della canzone 268, *Che debb'io far? che mi consigli, Amore?*, il primo *planctus* per la morte di Laura:

>Oimè, terra è fatto il suo bel viso,
>che solea far del cielo
>et del ben di lassù fede fra noi;
>l'invisibil sua forma è in paradiso,
>disciolta di quel velo
>che qui fece ombra al fior degli anni suoi,
>per rivestirsen poi
>un'altra volta, et mai più non spogliarsi,
>quando alma et bella farsi
>tanto più la vedrem, quanto più vale
>sempiterna bellezza che mortale,

e dall'ultima stanza della canzone 359, *Quando il soave mio fido conforto*:

> «Son questi i capei biondi, et l'aureo nodo
> – dich'io – ch'ancor mi stringe, et quei belli occhi
> che fur mio sol?». «Non errar con li sciocchi,
> né parlar – dice – o creder a lor modo.
> Spirito ignudo sono, e 'n ciel mi godo:
> quel che tu cerchi è terra già molt'anni,
> ma per trarti d'affanni
> m'è dato a parer tale; et anchor quella
> sarò, più che mai bella,
> a te più cara, sì selvaggia et pia
> salvando inseme tua salute et mia».

Petrarca insiste dunque sul tema della resurrezione e ne fa il vero polo dialettico del suo discorso poetico, seguendo in ciò la chiara traccia di sant'Agostino impegnato a difendere un dogma particolarmente ostico per il mondo antico, legato alla svalutazione metafisica del corpo largamente imposta dal neoplatonismo. Il santo raccoglie la sfida (come è possibile che l'anima sia destinata a ricongiungersi alla materia nella quale è stata incarcerata, e dunque a contaminarsi di nuovo con ciò che è causa di tutte le nostre miserie e i nostri mali?), argomentando che a peccare è l'anima, non il corpo (ne abbiamo già accennato sopra), e che non è il corpo in sé ma la sua natura corruttibile a ostacolare il cammino verso Dio. Ma tutto ciò è destinato a cessare nella resurrezione, perché in essa l'anima del beato si riunirà al suo corpo fatto perfetto, non solo, ma pure reso obbediente allo spirito: un 'corpo celeste', insomma, riscattato per l'eternità dal mutamento e dalla corruzione (si veda per esempio *De civitate Dei* XIV 3). Allora, il corpo godrà della *pristina stabilitas* che aveva prima del peccato, e si potrà giustamente dire di esso che ha trionfato sulla Morte e sul Tempo, come ancora sant'Agostino scrive nel *De vera religione*, XII 25:

> Ne conseguirà che dopo la morte corporale, che dobbiamo al primo peccato, a suo tempo e secondo l'ordine questo corpo sarà restituito alla sua originaria incorruttibilità, che non avrà di per sé ma attraverso l'anima definitivamente dimorante in Dio [...] Per il dono che è dato all'anima, cioè per lo Spirito Santo, non solo l'anima che lo ha avuto sarà salva e pacificata e santa, ma anche il corpo ne avrà vita e diverrà purissimo nella sua natura. Egli stesso infatti ha detto. «Purificate ciò che è dentro, e anche

ciò che è fuori sarà purificato» [*Mt.* 23, 26]. E dice l'Apostolo: «Anche i vostri corpi mortali saranno vivificati, per lo Spirito che è in voi» [*Rom.* 8, 21]. Cancellato il peccato, è cancellata anche la pena del peccato, e dove allora è il male? «Morte, dov'è la tua guerra? Dov'è, morte, il tuo aculeo?» [*I Cor.* 15, 55]. L'essere trionfa sul nulla, e nella sua vittoria anche la morte è cancellata.

Ed è precisamente facendo leva sulle parole di sant'Agostino che Petrarca vuole credere nel profondo alla forza della speranza cristiana, per la quale tutti i valori propriamente umani entreranno insieme al corpo nell'immutabile. E l'immutabilità è, per il santo come per Petrarca, l'attributo supremo della divinità che Dio riserva ai suoi eletti sottraendoli alla violenza del Tempo e della Morte.

Se volessimo riassumere in pochissime parole, diremmo infine che in Petrarca esistono due movimenti diversi e strettamente intrecciati: uno è dato dal mistero del tempo e della vita, del quale tutto ignoriamo perché l'uno e l'altra li cogliamo solo nel loro disfarsi, nel loro non-essere-più: onde il sapere, più va a fondo delle cose, più «aumenta il dolore» perché ci mette dinanzi a un nucleo di verità tanto infrangibile quanto incomprensibile. L'altro, solo in apparenza opposto, è quello che culmina negli straordinari ultimi versi del *Trionfo dell'Eternità*, scritto da Petrarca, non dimentichiamolo, negli ultimi mesi di vita. Questo movimento esalta l'indubitabile evidenza di ciò che è stato e che, in quanto tale, non può non costituirci, e in cui sta la radice del nostro essere al mondo. Niente altro esiste, e se esiste un altrove, e se questo altrove (al quale Petrarca mostra di credere, da buon cristiano) offre una garanzia di salvezza, ebbene, questa salvezza può riguardare per definizione solo ciò che *qui* è stato e *qui* abbiamo vissuto: donde la necessità di credere nell'infinito potere attualizzante della memoria e nel trionfo della vita e dei suoi contenuti sul tempo. La resurrezione, appunto: per il cristiano Petrarca il cristianesimo è essenzialmente questo dogma scandaloso.

Per questo è sacro il luogo che ha visto nascere il suo amore, ne è sacra l'aria, e Laura medesima, infine, è sacra (rispettivamente, 243, 14; 126, 10; 356, 1). Il sacro insomma non abita la dimensione separata del Dio, non è altra cosa rispetto al tempo della vita, ma è precisamente ciò che in questo tempo e in questa vita vuole, pretende, esige l'eternità quale sua adeguata dimora. Significa, tutto ciò, che hanno ragione i critici che dubitano della religiosità di Petrarca? Significa che ha ragione Marco Santagata che nell'intelligente libretto *Il copista* rappresenta un Petrarca vecchio, malato, vicino alla morte, che custodisce il «terribile inconfessabile segreto» della propria totale incredulità, ormai certo com'è che la morte sia l'unico vero destino degli esseri e del mondo? È naturalmente impossibile dirlo, ma la domanda è certo riduttiva e deviante insieme, perché non tocca ciò che a Petrarca davvero sta a cuore. Per lui, la consumazione e la morte uccidono l'essere ma anche lo rendono sacro, e cioè degno d'essere pensato fuori del tempo, a riempire un'eternità che rimarrebbe, altrimenti, impensabile. Meglio: alla quale non varrebbe neppure la pena di pensare. E di questo amore per la vita, e del terrore insanabile per la sua perdita, i versi finali del *Trionfo dell'Eternità* sono il frutto estremo e il più commovente:

> Questi triumphi, i cinque in terra giuso
> avem veduto, ed a la fine il sexto,
> Dio permettente, vederem lassuso.
> E 'l Tempo, a disfar tutto così presto,
> e Morte, in sua ragion cotanto avara,
> morti inseme seranno e quella e questo.
> E quei che Fama meritaron chiara,
> che 'l Tempo spense, e i be' visi leggiadri
> che 'mpallidir fe' 'l Tempo e Morte amara,
> l'oblivïon, gli aspetti oscuri ed adri,
> più che mai bei tornando, lasceranno
> a Morte impetüosa, a' giorni ladri.
> Ne l'età più fiorita e verde avranno
> con immortal bellezza eterna fama.
> Ma innanzi a tutte ch'a rifarsi vanno
> è quella che piangendo il mondo chiama
> con la mia lingua e con la stancha penna;
> ma 'l ciel pur di vederla intera brama.
> A riva un fiume che nasce in Gebenna
> Amor mi diè per lei sì lunga guerra
> che la memoria anchora il cor accenna.
> Felice sasso che 'l bel viso serra!
> che, poi che avrà ripreso il suo bel velo,
> se fu beato chi la vide in terra,
> or che fia dunque a rivederla in cielo?

Cronologia

Cronologia

1304	Francesco Petrarca nasce il 20 luglio ad Arezzo da Petracco di ser Parenzo, notaio fiorentino esiliato nel 1302, e da Eletta Canigiani.
1307	Nasce il fratello Gherardo.
1311	La famiglia è a Pisa, dove il piccolo Francesco ha forse visto Dante.
1312	La famiglia si trasferisce ad Avignone, sede della curia pontificia, ove il padre ha importanti incarichi di lavoro, ma trova casa a Carpentras ove Francesco comincia gli studi sotto la guida di Convenevole da Prato.
1316	Francesco studia diritto a Montpellier. Due o tre anni dopo muore la madre.
1320-26	È mandato a completare gli studi giuridici a Bologna, ove stringe varie amicizie, tra le quali quella con Giacomo Colonna. Interrompe gli studi nel 1326, quando, in seguito alla morte del padre, torna ad Avignone.
1327	Il 6 aprile incontra Laura, nella chiesa di Santa Chiara in Avignone, e se ne innamora.
1330	Su raccomandazione di Giacomo entra al servizio del fratello di costui, il cardinale Giovanni Colonna, e lo segue nella sede di Lombez, nei Pirenei.
1333	Compie un lungo viaggio nell'Europa del nord (Parigi, Gand, Liegi, Aquisgrana, Colonia, Lione, e infine Avignone). A Liegi scopre l'orazione ciceroniana *Pro Archia*.
1335	Ottiene da papa Benedetto XII il beneficio di un canonicato nella cattedrale di Lombez, ove però non si recherà più.
1336-37	Primo viaggio a Roma, ove conosce Stefano Colonna il Vecchio. Tornato ad Avignone, si trasferisce nella vicina Valchiusa, presso la sorgente del Sorga. Negli anni successivi comincia qui l'*Africa* e il *De viris illustribus*. Gli nasce, da una madre sconosciuta, il figlio naturale Giovanni.

1341   In febbraio parte da Avignone per Napoli, ove viene esaminato per tre giorni da re Roberto d'Angiò. L'8 aprile, in Campidoglio, a Roma, viene incoronato poeta. Si trasferisce a Parma, ospite di Azzo da Correggio, e nella vicina Selvapiana lavora intensamente all'*Africa*.

1342   Torna a Valchiusa. Comincia a studiare il greco con il monaco basiliano Barlaam, ma senza seguito. Comincia a raccogliere le sue liriche volgari.

1343   Il fratello Gherardo si fa monaco certosino. Gli nasce la figlia naturale Francesca. Viene mandato a Napoli in missione presso la regina Sancha (re Roberto era morto il 20 gennaio), e trova la città terribilmente degradata. All'amico Barbato da Sulmona fa conoscere i 34 esametri del libro VI dell'*Africa* che descrivono la morte di Magone: divulgati, hanno una grande fortuna. Alla fine dell'anno è a Parma, ove lavora ai *Rerum memorandarum libri*.

1345   Nel febbraio fugge da Parma assediata dai Visconti. A Verona scopre e trascrive le lettere di Cicerone ad Attico. Dopo un lungo viaggio attraverso la valle dell'Adige e il Tirolo, e scendendo lungo la valle del Rodano, torna in Provenza verso la metà di dicembre.

1346   Compone, a Valchiusa, il *De vita solitaria* e comincia il *Bucolicum carmen*. In ottobre è nominato canonico della cattedrale di Parma.

1347   Compone il *De otio religioso*. Comincia il *Secretum*. Nell'estate, è vicino a Cola di Rienzo, ma se ne stacca nell'autunno, quando il fallimento del tribuno comincia a essere evidente. Abbandona in ogni caso il servizio presso il cardinale Colonna al quale rivolge l'egloga ottava del *Bucolicum carmen*, *Divortium*, e lascia la Provenza per l'Italia.

1348   Nel marzo è a Parma, ed ha ottimi rapporti con Luchino Visconti, signore della città dal 1346. Dilaga la grande peste, durante la quale, oltre a molti cari amici, muoiono il cardinale Colonna e Laura. Scrive i *Psalmi penitentiales*. Nell'agosto è nominato arcidiacono nella cattedrale di Parma.

1349   Per interessamento del signore della città, Jacopo da Carrara, ottiene un canonicato presso la cattedrale di Padova. Si muove tra Verona, Parma e Padova, e a Venezia conosce il doge Andrea Dandolo.

1350   Comincia la raccolta e la sistemazione delle lettere *Familiares* e delle *Epystole* in versi. Si reca a Roma per il Giubileo (sarà l'ultima visita alla città), e intorno alla metà di ottobre è a Firenze, ove conosce personalmente Boccaccio. Nel dicembre è di nuovo a Parma.

1351   Il Boccaccio, a nome del comune di Firenze, gli offre inutilmente una cattedra nello Studio cittadino. Sollecitato dal papa, nel giugno torna ad Avignone. Compone le lettere *Sine nomine*, e comincia la lunga invettiva *Contra medicum*, che terminerà nel 1355.

CRONOLOGIA 151

1352 Lavora intensamente a tutte le opere che ha in corso: *Africa, Secretum, Triumphi*, oltre che al *Canzoniere* e all'epistolario.

1353 Nella primavera lascia definitivamente la Provenza per l'Italia. Con scandalo dei numerosi amici fiorentini, accetta l'ospitalità, a Milano, dei Visconti, i tiranni per antonomasia.

1354 Comincia la sua attività diplomatica al servizio dei Visconti, e comincia il *De remediis utriusque fortune*. Nel dicembre, a Mantova, è per dieci giorni ospite dell'imperatore Carlo IV.

1356 Nel maggio è mandato dai Visconti come ambasciatore presso Carlo IV: si ferma un mese a Basilea e un altro mese a Praga. L'imperatore lo nomina conte palatino. Tornato a Milano, riprende il lavoro attorno alle sue opere.

1359 Ospita il Boccaccio a Milano.

1361 Ambasciatore a Parigi per conto di Galeazzo Visconti, pronuncia l'orazione ufficiale dinanzi al re Giovanni II, appena liberato sulla parola dagli inglesi.

1362-65 Scrive al Boccaccio per calmarne gli scrupoli religiosi provocati dalle fosche profezie del frate senese Pietro Petroni. Per il persistere della peste si trasferisce a Venezia, ove il senato gli assegna Palazzo Molin, sulla riva degli Schiavoni. Progetta di lasciare alla città i suoi libri, ma non se ne farà nulla. Ospita, nel 1363, il Boccaccio. Lo raggiungono a Venezia la figlia Francesca con il marito, Francescuolo da Brossano e la nipotina Eletta, nata nel 1362.

1366 Scrive al nuovo papa, Urbano V, una lunga lettera esortandolo a riportare la sede papale a Roma. Lavora alla composizione e alla trascrizione del *Canzoniere* con l'aiuto del giovane copista Giovanni Malpaghini, che l'abbandonerà nel 1367.

1367 Durante un viaggio da Venezia a Pavia scrive il *De sui ipsius et multorum ignorantia*, contro quattro aristotelici veneti che l'avevano definito 'uomo buono ma ignorante'.

1368-70 Si stabilisce a Padova sotto la protezione di Francesco da Carrara, che gli dona un terreno ad Arquà, sui colli Euganei, sul quale edifica una casa. La sua salute comincia a peggiorare, e deve rinunciare a un viaggio a Roma; in questi anni compone l'ampio *De gestis Cesaris*.

1373 Soggiorna tra Padova e Arquà. Compone l'*Invectiva contra eum qui maledixit Italie*, contro il frate francese Jean de Hesdin che aveva confutato gli argomenti di Petrarca affinché il papa abbandonasse Avignone. Traduce in latino l'ultima novella del *Decameron*, quella di Griselda, che intitola *De insigni obedientia et fide uxoria*. Compone il *Triumphus Tem-*

poris e un trattato sul buon governo dedicato a Francesco da Carrara (*Sen.* XIV 1). Lavora alla definitiva sistemazione del *Canzoniere* (forme Malatesta e Queriniana).

1374 Compone il *Triumphus Eternitatis*. Muore in Arquà la notte tra il 18 e il 19 luglio.

Per saperne di più

Per saperne di più

Si danno solo alcune indicazioni essenziali, avvertendo che dai testi citati, a cominciare dalle edizioni, si ricavano tutti gli elementi per ricostruire una bibliografia vera e propria, e che il centenario del 2004 ha portato molte novità, e molte ne sta ancora portando. Limitato nel tempo ma assai utile il volume di Luca Marcozzi, *Bibliografia petrarchesca 1989-2003*, Firenze, Olschki, 2005. Esistono inoltre due importanti pubblicazioni periodiche: la nuova serie degli «Studi petrarcheschi», dal 1984, che continua la vecchia serie in nove volumi, dal 1948 al 1978, e «Quaderni petrarcheschi», dal 1983, che si è specializzata nel raccogliere atti congressuali e volumi monografici.

Avverto anche che molte delle cose dette precedentemente si trovano, più ampiamente argomentate, nelle introduzioni alle citate edizioni da me curate del *Secretum* e del *De ignorantia* e nei miei studi su Petrarca: quelli anteriori al 2003 sono raccolti nel volume *Saggi petrarcheschi*, Firenze, Cadmo, 2003.

Fonti

Rerum vulgarium fragmenta / Canzoniere: quattro ottime edizioni, a cura di Ugo Dotti, Roma, Donzelli, 1996; di Marco Santagata, Milano, Mondadori (I Meridiani), 1996, rist. corretta e aggiornata, 2004 (sin qui adottata come edizione di riferimento); di Sabrina Stroppa, Roma, Gruppo Editoriale L'Espresso, 2005; di Rosanna Bettarini, Torino, Einaudi, 2005. Utile il manuale di Serena Fornasiero, *Petrarca: guida al Canzoniere*, Roma, Carocci, 2001.

Trionfi: eccellente e storicamente decisiva per il commento l'edizione a cura di Marco Ariani, Milano, Mursia, 1988; lo amplia e dedica una minuziosa attenzione al testo quella ora di riferimento, a cura di Vinicio Pacca, Milano, Mondadori (I Meridiani), 1996. Vedi *Petrarch's Triumphs. Allegory and Spectacle*, a cura di Konrad Eisenbichler e Amilcare Iannucci, Toronto, Dovehouse Ed., 1990; *I Triumphi di Francesco Petrarca (Gargnano del Garda, 1-3 ottobre 1998)*, a cura di Claudia Berra, Milano, Cisalpino, 1999, e i due volumi di Maria Cecilia Bertolani, *Il corpo glorioso. Studi sui* Trionfi *del Petrarca*, Roma, Carocci, 2001; *Petrarca e la visione dell'eterno*, Bologna, Il Mulino, 2005.

Rime disperse: in questo stesso volume mondadoriano che contiene i *Trionfi* sono compresi i *Frammenti* e una scelta di *Rime estravaganti* e l'edizione del *Codice degli abbozzi* (Vat. Lat. 3196), a cura di Laura Paolino, che s'affianca alla vecchia a cura di Angelo Romanò, Roma, Bardi, 1955 (per le rime disperse fa ancora testo la vecchia e poco selettiva edizione a cura di Angelo Solerti, *Rime disperse di F. P. o a lui attribuite*, Firenze, Sansoni, 1909, ristampata con una preziosa nota di aggiornamento di Paola Vecchi Galli, Firenze, Le Lettere, 1997). Vedi *Estravaganti, disperse, apocrifi petrarcheschi (Gargnano del Garda, 25-27 settembre 2006)*, a cura di Claudia Berra e Paola Vecchi Galli, Milano, Cisalpino, 2007.

Opere latine: il panorama è vario e complicato, e finalmente, dopo una lunga stasi, in movimento. Nella vecchia Edizione Nazionale delle opere di Petrarca sono apparse l'*Africa*, a cura di Nicola Festa per l'Edizione Nazionale, Firenze, Sansoni, 1926, e le *Familiares*, a cura di Vittorio Rossi, Firenze, Sansoni, 1933-1942, in quattro volumi, i *Rerum memorandarum libri*, a cura di Giuseppe Billanovich, Firenze, Sansoni, 1945, e la parte romana del *De viris illustribus*, a cura di Guido Martellotti, Firenze, Sansoni, 1964. Nella nuova serie del «Petrarca del Centenario», che comprenderà tutte le opere con traduzione italiana a fronte e sobrie note, promossa dal Comitato nazionale per l'edizione delle opere di Petrarca presieduto da Michele Feo, sono stati sin qui pubblicati dalla casa editrice Le Lettere, di Firenze: *Contra eum qui maledixit Italie*, a cura di Monica Berté (2005); *Invective contra medicum – Invectiva contra quendam magni status hominem sed nullius scientie aut virtutis*, a cura di Francesco Bausi (2005); *De otio religioso*, a cura di Giulio Goletti (2006); *Res seniles. Libri I-IV*, a cura di Silvia Rizzo con la collaborazione di Monica Berté (2006: questa edizione s'affianca dunque all'altra, delle Belles Lettres, a cura della Nota); *De viris illustribus*, a cura di Silvano Ferrone (2006); *De viris illustribus* II. *Adam-Hercules*, a cura di Caterina Malta (2007).

Da segnalare le edizioni dell'editore Millon, di Grenoble, accompagnate da traduzione francese a fronte e note, che per le cure di Christophe Carraud ha pubblicato una antologia delle *Familiares* (1998), il *De vita solitaria* (1999), il *De otio religioso* (2000), il *De ignorantia* (2000), il *De remediis* (2002: impresa assolutamente meritoria, che ha messo finalmente a disposizione un testo tanto importante che si doveva ancora leggere nelle edizioni del '500); con la collaborazione di Rebecca Lenoir, l'*Itinerarium*, mentre la stessa Lenoir ha curato l'edizione dell'*Africa* (2002), le *Sine nomine* (2003) e le *Invective* (2003). Assai importante anche il vasto programma petrarchesco messo in cantiere dalla casa editrice Les Belles Lettres, di Parigi, sotto la supervisione di Pierre Laurens: anche qui i testi sono affiancati dalla traduzione in francese e accompagnati da abbondanti note. Quasi terminata è l'edizione delle *Familiares*, in sette volumi, e quella delle *Seniles*, in cinque, a cura di Ugo Dotti (le prime, nel testo dell'Edizione Nazionale delle opere di Petrarca; le seconde, anch'esse non più pubblicate dopo il Cinquecento, nel testo critico approntato da Elvira Nota). Dell'*Africa*, curata da Laurens, è uscito nel 2006 il primo volume, libri I-V (che comincia a sostituire l'edizione Festa). In programma sono le lettere *Disperse*, le *Sine nomine*, il *De vita solitaria* e le *Epystole* in versi a cura di Mariella Angeli, e i *Rvf* e i *Triumphi* a cura di Yves Masson.

Sempre utili sono i volumi: F.P., *Prose*, Milano-Napoli, Ricciardi e i due volumi (anch'essi forniti di traduzione a fronte e limitati alle opere in prosa): F.P., *Opere latine*, a cura di Antonietta Bufano, collaborazione di Basile Aracri, Clara Kraus Reggiani, introduzione di Manlio Pastore Stocchi, Torino, Utet, 1975.

Occorre infine segnalare almeno queste altre edizioni:

Bucolicum carmen con traduzione e ampie note a cura di Marcel François e Paul Bachmann, Paris, Champion, 2001, e F.P., *Bucolicum carmen*, a cura di Luca Canali, Lecce, Manni, 2005, raccomandabile per l'elegante e scorrevole traduzione.

Epystole in versi: F. Petrarca, *Epistulae metricae. Briefe in Versen*, hrsg. übersetz und erläutert von Otto und E. Schönberger, Würzburg, Königshausen & Neumann, 2004.

Psalmi penitentiales: F.P., *Salmi penitenziali*, a cura di Roberto Gigliucci, Roma, Salerno Editrice, 1997

Per quelle in prosa: *Secretum*: introduzione, testo, traduzione e note sia nell'edizione a cura di Enrico Fenzi, Milano, Mursia, 1992, che in quella a cura di Ugo Dotti, Milano, Rizzoli (Bur), 2000.

De vita solitaria: il testo base è quello fornito da Guido Martellotti nel citato volume delle *Prose*. In edizione economica testo Martellotti e traduzione italiana in F.P., *De vita solitaria*, a cura di Marco Noce, introduzione di Giuseppe Ficara, Milano, Mondadori (Oscar), 1992.

De sui ipsius et multorum ignorantia: introduzione, testo, traduzione e note a cura di Enrico Fenzi, Milano, Mursia, 1999. Vedi Francesco Bausi, *Petrarca antimoderno. Studi sulle invettive e sulle polemiche petrarchesche*, Firenze, Cesati, 2008.

Contra eum qui maledixit Italie: con la citata edizione a cura della Berté per il «Petrarca del Centenario» si veda sempre, per l'introduzione e le note, l'edizione a cura di Giuliana Crevatin: F.P., *In difesa dell'Italia*, Venezia, Marsilio, 1995 (seconda edizione, 2004).

De gestis Cesaris: edizione critica a cura di Giuliana Crevatin, Pisa, Scuola Normale Superiore, 2003 (non ha traduzione: la sola traduzione, con note, è invece nel recentissimo F.P., *Gli uomini illustri. Vita di Giulio Cesare*, a cura di Ugo Dotti, Torino, Einaudi, 2007).

Itinerarium breve de Ianua usque ad Ierusalem et Terram Sanctam (un tempo designato anche come *Itinerarium syriacum*): con la citata edizione Carraud-Lenoir, 2002, si veda anche F.P., *Itinerario in terra Santa 1358*, a cura di Francesco Lo Monaco, Bergamo, Lubrina, 1990.

De insigni obedientia et fide uxoria (la novella di Griselda): edizione critica in J. Burke-Severs, *The Literary Relationship of Chaucer's Clerkes Tale*, New Haven, Yale University Press, 1942, pp. 254-288. Ma vedi G. Boccaccio e F. Petrarca, *Griselda*, a cura di Luca Carlo Rossi, Palermo, Sellerio, 1991; F. P., *De insigni obedientia et fide uxoria. Il codice Riccardiano 991*, a cura di Gabriella Albanese, Alessandria, Edizioni dell'Orso, 1998.

Posteritati: Karl A.E. Enenkel, *A Critical Edition of Petrarch's «Epistola posteritati», with an english Translation*, nel volume di vari autori *Modelling the Individual. Biography and Portrait in the Renaissance*, a cura di K.A.E. Enenkel e altri, Amsterdam-Atlanta, Rodopi, 1998, pp. 243-281.

Lettere disperse. A cura di Alessandro Pancheri, Parma, Fondazione Pietro Bembo-Ugo Guanda, 1994.

Bibliografia critica

Per la vita di Petrarca, vedi Ernest Hatch Wilkins, *Vita del Petrarca e La formazione del «Canzoniere»*, Milano, Feltrinelli, 1964; Ugo Dotti, *Vita di Petrarca*, Roma-Bari, Laterza, 1987.

Importanti sono i profili complessivi di Antonio Enzo Quaglio, *Francesco Petrarca*, Milano, Garzanti, 1967; Nicholas Mann, *Petrarch*, Oxford, Oxford University Press, 1984; Kenelm Foster, *Petrarch Poet and Humanist*, Edinburgh, Edinburgh University Press, 1984; Vinicio Pacca, *Petrarca*, Roma-Bari, Laterza, 1998; Marco Ariani, *Petrarca*, Roma, Salerno Ed., 1999; Roberto Fedi, *Invito alla lettura di Petrarca*, Milano, Mursia, 2002; Karlheinz Stierle, *La vita e i tempi di Petrarca. Alle origini della moderna coscienza europea*, Venezia, Marsilio, 2007 (prima edizione tedesca, München-Wien, Carl Hanser Verlag, 2003).

Una menzione speciale meritano sùbito alcuni volumi che 'hanno fatto' gli studi petrarcheschi e continuano ad essere fondamentali. Obbligatoria almeno la menzione di Pierre de Nolhac, *Pétrarque et l'humanisme*, Paris, Champion, 1907; Arnaldo Foresti, *Aneddoti della vita di Francesco Petrarca.* Nuova ed. corretta e ampliata dall'autore, a cura di Antonia Tissoni Benvenuti, Padova, Antenore, 1977 (prima ed., Brescia, Vannini, 1928); Giuseppe Billanovich, *Petrarca letterato. I. Lo scrittoio del Petrarca*, Roma, Edizioni di Storia e Letteratura, 1947 (rist. 1995, a cura di Paolo Garbini), del quale ancora s'aggiunga, tra il molto altro che andrebbe ricordato, la raccolta di saggi *Petrarca e il primo umanesimo*, Padova, Antenore, 1996; Umberto Bosco, *Petrarca*, Bari, Laterza, 1961 (e successive ristampe); Ernest Hatch Wilkins, *The Making of the «Canzoniere» and Other Petrarchan Studies*, Roma, Edizioni di storia e letteratura, 1951; Francisco Rico, *Vida u obra de Petrarca, I, Lectura del «Secretum»*, Padova, Antenore, 1974; Guido Martellotti, *Scritti petrarcheschi*, a cura di Michele Feo e Silvia Rizzo, Padova, Antenore, 1983.

Tra i più e meno recenti volumi miscellanei, dedicati in genere agli *Atti* dei convegni, si veda: *Petrarca e i suoi lettori*, a cura di Vittorio Caratozzolo e Georges Güntert, Ravenna, Longo, 2000; *Petrarca e il mondo greco*, a cura di Michele Feo, Vincenzo Fera, Paola Megna, Antonio Rollo, Firenze, Le Lettere, s.a. (= «Quaderni petrarcheschi», XII-XIII, 2002-2003); AA.VV., *L'Io lirico: Francesco Petrarca. Radiografia dei* Rerum vulgarium fragmenta, a cura di Giovannella Desideri, Annalisa Landolfi, Sabina Marinetti, Roma, Viella, 2003 (= «Critica del testo», VI/1, 2003); *Petrarca e Agostino*, a cura di Roberto Cardini e Donatella Coppini, Roma, Bulzoni, 2004; *Le lingue del Petrarca*, a cura di Antonio Daniele, Udine, Forum, 2005; *L'esperienza poetica del tempo e il tempo della storia. Studi sull'opera di Francesco Petrarca*, a cura di Carla Chiummo e Anatole Pierre Fuksas, Cassino, Università di Cassino-Dipartimento di linguistica e letterature comparate, 2005; *Petrarca und die römische Literatur*, herausgegeben von Ulrike Auhagen, Stefan Faller und Florian Hurka, Tübingen, Gunter Narr Verlag, 2005; *Petrarca e la Lombardia*, a cura di Giuseppe Frasso, Giuseppe Velli, Maurizio Vitale, Padova, Antenore, 2005; *Petrarca. Canoni, esemplarità*, a cura di Valeria Finucci, Roma, Bulzoni, 2006; AA.AA., *«Liber», «Fragmenta», «Libellus» prima e dopo Petrarca, in ricordo di D'Arco Silvio Avalle*, a cura di Francesco Lo Monaco, Luca Carlo Rossi, Niccolò Scaffai, Firenze, Edizioni del Galluzzo, 2006; *Petrarca e Roma*. Atti del convegno di studi (Roma, 2-3-4 dicembre 2004), a cura di Maria Grazia Blasio, Anna Morisi, Francesca Niutta, Roma, Roma nel Rinascimento, 2006; *Petrarca e la medicina*, a cura di Monica Berté, Vincenzo Fera e Tiziana Pesenti, Messina, Centro interdipartimentale di studi umanistici, 2006; *Petrarca, la medicina, les ciències – Petrarca, la medicina, le scienze*, Bellaterra, Universitat Autònoma de Barcelona, 2006 (= «Quaderns d'Itàlia», 11, 2006); *Petrarca politico*. Atti del Convegno (Roma-Arezzo, 19-20 marzo 2004), Roma, Istituto storico italiano per il Medioevo, 2006 (per il rinnovato interesse per il Petrarca politico si veda ancora Gabriele Baldassari, *Unum in locum. Strategie macrotestuali nel Petrarca politico*, Milano, LED, 2006, e Giacomo Ferraù, *Petrarca, la politica, la storia*, Messina, Centro interdipartimentale di studi umanistici, 2006); *Francesco Petrarca: da Padova all'Europa*. A cura di Gino Belloni, Giuseppe Frasso, Manlio Pastore Stocchi, Giuseppe Velli, Roma-Padova, Antenore, 2007; *Petrarch and the Textual Origins of Interpretation*, a cura di Teodolinda Barolini and H. Wayne Storey, Leiden-Boston, Brill, 2007; *Il Canzoniere. Lettura micro e macrotestuale*, a cura di Michelangelo Picone, Ravenna, Longo, 2007 (si vedano anche le letture tuttora in corso di singole liriche promosse dalla Accademia Galileiana di Scienze Lettere e Arti di Padova e dall'Ente Nazionale Francesco Petrarca, distributore l'editore Olschki, Firenze, voll. I, 1981-vol. XXV, 2005).

Sulla lingua del *Canzoniere*, Maurizio Vitale, *La lingua del Canzoniere (Rerum vulgarium fragmenta) di Francesco Petrarca*, Padova, Antenore, 1996; Paola Manni, *Il Trecento toscano. La lingua di Dante, Petrarca, Boccaccio*, Bologna, Il Mulino, 2003. Sulla metrica, Massimo Zenari, *Repertorio metrico dei «Rerum vulgarium fragmenta» di Francesco Petrarca*, Padova, Antenore, 1999; AA.VV., *La metrica dei "Fragmenta"*, a cura di Marco Praloran, Padova, Antenore, 2003. Sulla sintassi, Natascia Tonelli, *Varietà sintattica e costanti retoriche nei sonetti dei «Rerum vulgarium fragmenta»*, Firenze, Olschki, 1999.

Nel corso di questo volume si ricordano inoltre: Piero Boitani, *Il tragico e il sublime nella letteratura medievale*, Bologna, Il Mulino, 1992 (vedi anche, dello stesso Boitani, *Letteratura europea e Medioevo volgare*, Bologna, Il Mulino, 2007); Gianfranco Contini, *Letteratura italiana delle origini*, Firenze, Sansoni, 1970; Id., *Saggio di un commento alle correzioni del Petrarca volgare*, e *Preliminari sulla lingua del Petrarca*, ora in *Varianti e altra linguistica. Una raccolta di saggi (1938-1968)*, Torino, Einaudi, 1970, pp. 5-31, e pp. 169-192; Franco Gaeta, *Dal Comune alla corte rinascimentale*, cap. III, *Petrarca: un apolide disponibile e fortunato*, in AA.VV., *La Letteratura italiana. I. Il letterato e le istituzioni*, Torino, Einaudi, 1982, pp. 149-255; Michele Feo, *Petrarca ovvero l'avanguardia del Trecento*, in «Quaderni petrarcheschi», I, 1983, pp. 1-22; Michele Feo, «*In vetustissimis cedulis*» [...], in AA.VV., *Verso il centenario*, a cura di Loredana Chines e Paola Vecchi Galli, Firenze, Le Lettere, 2001, pp. 119-148 (= «Quaderni petrarcheschi», XI, 2001); Francisco Rico, *«Rime sparse», «Rerum vulgarium fragmenta». Para el titulo y el primer soneto del «Canzoniere»*, in «Medioevo romanzo», III, 1976, pp. 101-138; Id., *Prologos al Canzoniere (Rerum vulgarium fragmenta, I-III)*, in «Annali della Scuola Normale Superiore di Pisa», Classe di Lettere e Filosofia, s. III, XVIII, 3, 1988, pp. 1071-1104; Id., *Il sogno dell'umanesimo*, Torino, Einaudi, 1998; Id., *Petrarca y las letras cristianas*, in «Silva», I, 2002, pp. 157-182; Marco Santagata, *Per moderne carte. La biblioteca volgare di*

Petrarca, Bologna, Il Mulino, 1990; Id., *I frammenti dell'anima. Storia e racconto nel Canzoniere di Petrarca*, Bologna, Il Mulino, 1992; Id., *Il copista*, Palermo, Sellerio, 2000; Ilaria Tufano, *Laura demonio nel canzoniere: Rvf 256*, in «Rassegna europea di letteratura italiana», 25, 2005, pp. 67-77.

Si ripete che con l'aiuto di questi titoli si possono colmare le numerose omissioni, a proposito delle quali occorre almeno accennare a quel particolare campo degli studi che si occupa delle postille, spesso lunghe e impegnative, che Petrarca ha lasciato sui margini dei libri che leggeva. Non è qui la sede per fornire più ampie indicazioni, ma va almeno segnalato il bel volume di Maurizio Fiorilla, *Marginalia figurati nei codici di Petrarca*, Firenze, Olschki, 2005, e soprattutto la recente edizione delle postille a Virgilio e al suo commentatore, Servio, consegnate ai margini del famoso codice della Biblioteca Ambrosiana di Milano: Francesco Petrarca, *Le postille del Virgilio Ambrosiano*, a cura di Marco Baglio, Antonietta Nebuloni Testa e Marco Petoletti. Presentazione di Giuseppe Velli, Roma-Bari, Antenore, 2006.

Indice dei nomi

Indice dei nomi

Agostino, Aurelio, 10, 14, 27, 30, 31, 41, 42, 47, 51, 54, 56, 58, 60, 62-64, 66, 103, 107, 114, 117, 138, 139, 144, 145
Aimeric de Peguilhan, 136
Alberto Magno, 59
Alceo, 135
Alessandro Magno, 17, 49, 66
Ambrogio, Aurelio, 32, 47
Anacreonte, 135
Anco Marzio, 17, 65
Andrea Capellano, 91
Andrea d'Ungheria, 21
Annibale, 17, 28, 29, 66
Appel, Carl, 134, 135
Appio Cieco, 66
Ariani, Marco, 133, 136
Aristotele, 20, 51, 57, 59, 61-64, 136
Arnaut de Maruelh, 136
Asinio Pollione, 66
Attico, 20, 150
Augusto, 66
Ausonio, 137
Azzo da Correggio, 18, 19, 33, 74, 150

Barbato da Sulmona, 19, 21, 26, 28, 150
Barlaam, 150
Barrili, Giovanni, 21
Beccadelli, Ludovico, 134
Beccanugi, Leonardo, 67
Bembo, Pietro, 53, 69

Benedetto XII (Jacques Fournier), 14, 149
Bernart de Ventadorn, 136
Bersuire, Pierre, 16
Bertolani, Maria Cecilia, 142
Bettarini, Rosanna, 81, 95
Billanovich, Giuseppe, 13
Boccaccio, Giovanni, 17, 26, 29, 32, 33, 35, 37, 68, 74, 133, 150, 151
Boezio, Severino, 30
Boitani, Piero, 112
Bonaventura da Bagnoregio (Giovanni Fidanza), 55
Bosco, Umberto, 54
Bosone da Gubbio, 87
Branca, Vittore, 133
Bruto, 17, 88
Bussolari, Iacopo, 33, 44

Calcidio, 51
Caloiro, Tommaso, 136
Camillo, 17
Canigiani, Eletta, 13, 149
Carducci, Giosuè, 72, 76, 90
Carlo IV del Lussemburgo, re di Boemia e imperatore del Sacro romano impero, 11, 26, 32, 33, 38, 151
Cassirer, Ernst, 51
Castelvetro, Lodovico, 77, 117
Catone, *detto* il Censore, 17
Catullo, 76, 135

Cavalcanti, Guido, 91-93, 115, 136
Chiòrboli, Ezio, 72, 79, 134
Cicerone, 17,18, 20, 39, 47, 56, 66, 114, 136, 138, 150
Cincinnato, 17
Cino da Pistoia, 135, 136
Claudio Marcello, 17
Claudio Nerone, 17
Cleante, 137
Clemente VI (Guido Fulcodi), 22-24, 27
Cola di Rienzo, 12, 19, 22, 23-25, 31, 35, 38, 39, 150
Colonna, famiglia, 14, 15, 18, 22-25, 31, 83
Colonna, Giacomo, 13, 71, 84, 87, 149
Colonna, Giovanni, 12, 13, 19, 22, 25, 39, 71, 117, 149, 150
Colonna, Landolfo, 17
Colonna, Stefano, 14, 39, 136, 149
Contini, Gianfranco, 56, 68, 75, 90, 100, 101, 112
Convenevole da Prato, 13, 149
Curio Dentato, 17
Cusano, Nicola, 51

Dandolo, Andrea, 26, 150
Daniello, Arnaldo (Arnaut Daniel), 94, 136
Dante Alighieri, 9, 17, 18, 20, 37, 49, 50, 53, 59, 62, 63, 65, 67-69, 71, 73, 91-93, 115, 118, 119, 127, 129, 135-137, 140, 149
Del Garbo, Dino, 92
Demostene, 137
De Robertis, Domenico, 74
De Sanctis, Francesco, 37, 90, 132
De' Tosetti, Lello di Pietro Stefano, 13, 136
Dietisalvi, Pietro, 71
Dionigi da Borgo san Sepolcro, 14, 16
Dotti, Ugo, 133
Duns Scoto, Giovanni, 63

Edoardo III, re d'Inghilterra, 23
Eletta da Brossano, 151
Ennio, 29
Eraclito, 42, 112
Erasmo, 52, 57

Eschine, 137

Fabio Massimo, 17
Fabrizio, 17, 88
Faidit, Gaucelm, 136
Feo, Michele, 43, 67, 68, 75
Ferrari, Severino, 72, 76
Filippo, re di Macedonia, 66
Filippo di Cabassoles, 20
Filippo IV, *detto* il Bello, re di Francia, 50
Filippo VI di Valois, re di Francia, 23, 87
Folquet de Marselha, 136
Forster, Leonard, 113
Foster, Kenelm, 75
Franceschino degli Albizi, 25, 136
Francesco da Barberino, 91, 135
Francesco da Carrara, 12, 33, 35, 151, 152
Francesco Novello, 33
Francescuolo da Brossano, 151
Frasso, Giuseppe, 134

Gaeta, Franco, 43
Gianfigliazzi, Geri, 71
Giovanna II d'Angiò, regina di Napoli, 21
Giovanni II, *detto* il Buono, re di Francia, 23, 33, 50, 151
Giovanni XXII (Jacques d'Euse), 87
Giraut de Bornelh, 136
Giulio Cesare, 18, 66, 135
Gonzaga, famiglia, 20
Gorni, Guglielmo, 131, 135
Guilhem de Cabestanh, 136
Guinizzelli, Guido, 136
Guittone d'Arezzo, 76, 136

Jacopo da Carrara, 150
Jean de Caraman, 34, 43
Jean de Hesdin, 35, 53, 151

Lapo da Castiglionchio, 26
Latini, Brunetto, 18, 91
Laura di Noves, 16, 22, 23, 25, 30, 31, 69, 70, 72, 73, 76, 79-84, 92-94, 96, 97, 99-102, 104, 107, 110, 111, 113-115, 117, 118, 120-128, 131, 135, 136, 140-143, 149, 150
Lelio, 28
Leopardi, Giacomo, 69, 90

INDICE DEI NOMI 167

Livio, Tito, 17, 18, 66, 83, 137
Livio Salinatore, 17
Ludovico Santo di Beringen (Ludwig van Kempen), 13, 23
Luigi I, *detto* il Grande, re d'Ungheria, 24, 25

Machiavelli, Niccolò, 53, 90
Macrobio, 107
Malatesta, Pandolfo, 74, 75
Malpaghini, Giovanni, 71, 74, 151
Mandelli, Giovanni, 34
Manlio Torquato, 17
Mann, Nicholas, 133
Marco Crasso, 66
Mario, 89
Marsili, Luigi, 14
Martellotti, Guido, 23, 47, 66
Martini, Simone, 17, 115
Massinissa, 28, 29, 135
Mastino della Scala, 24
Mazzarino, Santo, 45
Montaigne, Michel de, 52

Nelli, Francesco, 26, 38
Numa Pompilio, 17, 65

Omero, 29, 66, 136
Onesto Bolognese, 136
Orazio, 17, 66, 105
Orsini, famiglia, 22
Ovidio, 96, 135, 137

Pacca, Vinicio, 138
Paganino da Bizzozzero, 25
Paolino, Laura, 67, 71
Papirio Cursore, 17
Pasquini, Emilio, 134, 135
Peire d'Alvernha, 136
Persio, 105
Petracco di ser Parenzo, 149
Petrarca, Francesca, 19, 150, 151
Petrarca, Gherardo, 13, 19, 21, 101, 149, 150
Petrarca, Giovanni, 149
Petroni, Pietro, 151
Pietro, 22
Pindaro, 135

Pirro, 17
Pitagora, 136
Platone, 20, 47, 51, 56, 63, 136
Plinio il Vecchio, 46
Properzio, 76, 135
Prudenzio, 138
Publio Decio, 17

Quintiliano, 66

Raimbaut d'Aurenga, 136
Raimbaut de Vaqueiras, 136
Raimondi, Ezio, 133
Rico, Francisco, 13, 52, 72, 105
Riquier, Guiraut, 76
Roberto d'Angiò, re di Napoli, 11, 14-16, 19, 21, 29, 136, 150
Roberto de' Bardi, 14, 15
Rogier, Peire, 136
Romolo, 17, 41, 65
Rossi, Niccolò de', 77
Rudel, Jaufre, 136

Saffo, 135
Sallustio, 137
Sancha di Maiorca, 19, 150
Santagata, Marco, 72, 73, 79, 95, 139, 145
Scipione, Publio, 28
Scipione, Publio Cornelio, *detto* l'Africano, 14, 17, 18, 28, 29, 35, 54, 136
Seneca, 26, 52, 56, 58, 64, 66, 105, 138
Sennuccio del Bene, 25, 71, 113, 136
Senofonte, 136
Servio, 67
Sestan, Ernesto, 44
Siface, 28
Socrate, 136
Solerti, Angelo, 71
Solone, 137
Stramazzo da Perugia, 84

Tasso, Torquato, 93
Tedaldo della Casa, 30
Tempier, Stefano, 59
Terenzio, 117
Tibullo, 135
Tommaso d'Aquino, 44, 114
Tufano, Ilaria, 99

Tullo Ostilio, 17, 65

Uc de Saint Circ, 136
Urbano V (Guglielmo de Grimoard), 14, 34, 48, 151

Valerio Corvo, 17
Valerio Massimo, 20
Varrone, 66, 137
Vidal, Peire, 136
Vitale, Maurizio, 68
Virgilio, 17, 66-68, 96, 108, 114, 135, 136

Visconti, famiglia, 12, 20, 25, 32-34, 38, 43, 44, 50, 150, 151
Visconti, Bernabò, 32, 33
Visconti, Galeazzo, 32, 151
Visconti, Giovanni, 32
Visconti, Luchino, 25, 150
Von Randeck, Markward, 32

Weiss, Roberto, 134
Wilkins, Ernst Hatch, 72, 73, 79, 133

Zanobi da Strada, 26
Zenone, 137